大学军事训练教程

（第二版）

主　编　李凤旺

浙江大學出版社

图书在版编目（CIP）数据

大学军事训练教程 / 李凤旺主编. —杭州：浙江大学出版社，2011.7(2013.8 重印)
ISBN 978-7-308-08883-1

Ⅰ.①大… Ⅱ.①李… Ⅲ.①军事训练—高等学校—教材 Ⅳ.G641.8

中国版本图书馆 CIP 数据核字（2011）第 139532 号

大学军事训练教程（第二版）

主　编　李凤旺

责任编辑　黄兆宁
封面设计　吴慧莉
出版发行　浙江大学出版社
（杭州市天目山路 148 号　邮政编码 310007）
（网址：http://www.zjupress.com）
排　　版　杭州中大图文设计有限公司
印　　刷　浙江印刷集团有限公司
开　　本　880mm×1230mm　1/32
印　　张　7.375
字　　数　227 千
版 印 次　2008 年 7 月第 2 版　2013 年 8 月第 13 次印刷
书　　号　ISBN 978-7-308-08883-1
定　　价　13.00 元

编 写 说 明

本书以李凤旺主编《大学军事训练教程》(2003 年 8 月第 1 版)为基础,依据教育部、总参谋部、总政治部下发的《普通高等学校军事课教学大纲》(2006 年修订)对军事技能训练的要求,进行了修改和充实,使其成为大学生军事技能训练的一部较为完整的教材。

本书内容包括中国人民解放军共同条令、轻武器射击、战术、军事地形学、综合训练、附录等六部分内容。编写时,结合浙江大学多年军训教学的实践经验,参照浙江大学内部使用的军训教材资料,吸收了有关专家最新的研究成果,参考了兄弟院校和解放军机关院校所提供的教材、资料。由于参考的文献、专著和资料较多,篇幅所限,不能一一表述,在此一并对资料的提供者表示衷心的感谢。

参加本书编写的有:李凤旺、朱佐想、朱传林、陈立国、刘琳等,由李凤旺任主编。刘继明、王大凯、于军、赵亮、陈利涛、褚悟忠、齐永明、王金江等参与了资料收集和整理工作。

对本教材中的纰漏或疏漏之处,编者还祈望专家学者、同行以及使用本教程的师生,不吝指正。

编　者

2011 年 6 月

目　录

第一章 中国人民解放军共同条令

第一节 军队颁布共同条令的意义

条令，是中央军委以简明条文的形式发布给全军的命令，是军队战斗、训练、工作、生活的法规和准则。

军队有很多条令、条例，不同军、兵种又有各自不同的条例和规定，而《内务条令》、《纪律条令》和《队列条令》则是全军必须执行的共同条令，是全体军人必须共同遵守的法典。

军队是执行政治任务的武装集团，担负着巩固国防，抵抗侵略，保卫祖国，保卫人民的和平劳动，参加国家建设事业的任务。军队的使命要求部队必须有高度的集中统一和严格的组织纪律。而军队的成员，来自五湖四海，出身、经历、生活习惯各不相同，文化水平、思想修养、觉悟程度也不完全一致。如果没有一个从生活到工作、从训练到作战的统一准则规范部队的行动，也就不能完成军队所担负的以作战为中心的各项任务。

我军从创建之日起就十分重视条令建设。红军时期就颁布过《内务条例》和《纪律条令》，并参照列宁创建红军实施的《步兵战斗条令》第一部分进行了队列训练。以后，随着军队建设的发展，根据毛泽东同志关于人民军队的建军原则，制定了我军的内务、纪律、队列三大条令，并在实践中不断地充实完善，成为我军建设的重要依据。特别是我军正处在革命化、现代化、正规化建设的新的历史时期，用条令的标准规范军队的一切行动，使之适应军队建设新形势的要求显得更加重要。条令是实现军队革命化、现代化、正规化这一战略目标的措施之一。只有全面认真地贯彻执行条令，才能维护良好的上下级关系、军内外关系和规范的内务制度，才能严格履行职责，搞好行政管理，才能培养优良作风，增强纪律性，巩固和提高战斗力。否则，军队的革命化、现代化、正规化建设就没有保障。

第二节 《内务条令》简介

一、《内务条令》概述

《内务条令》是规定军队内部关系、生活制度和军人职责的条令，是全军进行行政管理教育的依据。现行的《内务条令》于 1997 年 10 月 7 日由中央军委发布实施，根据 2002 年 3 月 23 日《中央军委关于修改〈中国人民解放军内务条令〉的决定》修订。

该条令根据我军新时期的总任务，从加速建设现代化、正规化革命军队的需要出发，突出了提高警惕、保卫祖国、加强教育训练的思想，贯彻了建设社会主义精神文明的要求，并在总结历史教训的基础上，充实了新的内容。它是我军在新的历史条件下，建立、维护良好的内外关系和规范的内务制度，履行职责，进行管理教育，培养优良作风的依据，也是军队生活的准则。

二、《内务条令》的基本内容

《内务条令》共分 21 章 326 条，并有附录 10 项。

第一章：总则。本章是整个条令的纲。集中阐述了我军的性质和任务，指出："中国人民解放军是中国共产党缔造和领导的，用马克思列宁主义、毛泽东思想和邓小平理论武装起来的人民军队，是中华人民共和国的武装力量，是人民民主专政的坚强柱石，担负着巩固国防，抵抗侵略，保卫祖国，保卫人民的和平劳动，参加国家建设事业的任务。"

"中国人民解放军的内务建设，必须以毛泽东军事思想和邓小平新时期军队建设思想为指导，贯彻新时期军事战略方针和政治合格、军事过硬、作风优良、纪律严明、保障有力的总要求，努力建设一支强大的现代化、正规化革命军队。”

规定我军内务建设的基本任务是：“使每个军人明确和认真履行职责，维护军队良好的内外关系，建立正规的战备、训练、工作、生活秩序，培养优良的作风和严格的纪律，保证军队圆满完成任务。”

规定内务建设必须遵循的原则：“必须坚持人民军队的性质。实践全心全意为人民服务的宗旨，实行官兵一致、军民一致、军政一致的原则，实行政治民主、经济民主、军事民主，保证军队忠于党，忠于人民，忠于国家，忠于社会主义。”

“必须坚持以提高战斗力为根本标准。牢固树立中国人民解放军永远是一支战斗队的思想，把提高战斗力作为军队内务建设一切活动的出发点和落脚点，做好经常性基础性工作，讲求实效，克服形式主义，切实增强军队在现代技术特别是高技术条件下的作战能力。”

“必须坚持政治工作的生命线地位。坚持党对军队的绝对领导，发挥党委的核心领导作用和党支部的战斗堡垒作用。进行马克思列宁主义、毛泽东思想和邓小平理论的教育，使部队在思想上、政治上、行动上与党中央保持高度一致。加强社会主义精神文明建设，培养有理想、有道德、有文化、有纪律的革命军人，塑造军队文明之师、威武之师的良好形象。”

“必须坚持依法治军、从严治军。严格遵守国家法律、法规，按照军队的条令、条例统一内务建设的各项工作和规范军人的行为，实施正规的严格管理，增强军队的组织性、计划性、准确性、纪律性，保持军队的高度稳定和集中统一。”

“必须坚持继承和发扬优良传统。在管理教育工作中应当做到：服从命令，听从指挥；官兵一致，尊干爱兵；发扬民主，依靠群众；严格要求，赏罚严明；说服教育，启发自觉；公道正派，不分亲疏；艰苦朴素，廉洁奉公；干部带头，以身作则；团结紧张，严肃活泼；拥政爱民，军民团结。”

第二、三章：军人宣誓，军人职责。这两章指出“中国人民解放军军人，是在中国人民解放军服现役的中华人民共和国公民”。抵抗侵略，保卫国家和人民的安全，是军人最基本的光荣使命。同时规定了每个军人必须恪守的军人誓词以及士兵、军官、首长、主管人员的职责。军人誓词是：

“我是中国人民解放军军人，我宣誓：

服从中国共产党的领导，全心全意为人民服务，服从命令，严守纪律，英勇战斗，不怕牺牲，忠于职守，努力工作，苦练杀敌本领，坚决完成任务，在任何情况下，绝不背叛祖国，绝不叛离军队。”

第四章：内部关系。本章规定了军人相互关系、官兵相互关系、机关相互关系、部队（分队）相互关系，强调了“中国人民解放军军人，不论职位高低，在政治上一律平等，相互间是同志关系”。但是，部属、下级必须服从首长、上级。

第五章：礼节。本章主要规定了军队内部的礼节、军人和部队（分队）对军外人员的礼节以及其他时机和场合的礼节。同时指出“为体现军队内部的团结友爱和互相尊重，军人必须有礼节”；要求“军人同党政机关工作人员、人民群众和外宾接触时，应当讲文明，有礼貌”。

第六章：军容风纪。本章详细规定了军人着装、仪容和举止的具体要求，还指出“军人必须按照规定着军服，保持军容严整”。

军人的着装应遵守如下规定：

1. 严格按照授予军衔的命令佩戴军衔标志。

2. 严格按照规定佩戴帽徽、肩章、军种（专业技术）符号、领花等。

3. 军人着军服时，应当戴军帽。戴大檐帽、作训帽时，男军人帽檐前缘与眉同高，女军人帽稍向后倾。戴贝雷帽时，帽徽位于左眼上方，帽口下缘距眉一指，帽顶向右下倾。戴绒（皮）帽时，护脑下缘距眉，男军人为一指，女军人为三指。水兵帽稍向后倾，帽墙下缘距右眉一指，距左眉两指。大檐帽饰带应当并拢，并保持水平。士兵大檐帽风带不用时应当拉紧并保持水平。大檐帽、水兵帽松紧带不使用时，不得露于帽外。

4. 军服应当保持整洁，配套穿着，不得混穿。不得在军服外罩便服。不得披衣、敞怀、挽袖、卷裤腿。扣好领钩、衣扣。着长袖衬衣时，下摆扎于裤内，军服内着毛衣、绒衣、棉衣等内衣时，下摆不得外露。着礼服、夏常服时，必须内着配发的衬衣，系配发的领带。着冬装时，内衣领不得高于军衣领。

5. 操课和集体活动时通常着军鞋。着便鞋（含凉鞋）时，只准穿黑、棕色鞋（女军人还可以着浅色凉鞋），鞋跟高度男军人不超过 3 厘米，女军人不超过 4 厘米。除工作需要和洗漱外，不得着拖鞋、赤脚和赤脚穿鞋，等等。

军人的仪容应遵守如下规定：

1. 军人头发要整洁。男军人不得留长发、大鬓角和胡须，蓄发（戴假发）不得露于帽外，帽墙下发长不得超过 1.5 厘米；女军人发辫不得过肩，女士兵不得烫发。军人染发只准染与本人原发色一致的颜色。

2. 军人不得文身。着军服时，不得化妆，不得留长指甲和染指甲，不得围围巾，不得在外露的腰带上系挂钥匙和饰物，不得戴耳环、项链、领饰、戒指等首饰。除工作需要和眼疾外，不得戴有色眼镜。

3. 军人着军服时，应当按照规定佩戴国家和军队统一颁发的勋章、奖章、证章、纪念章等，不得佩戴其他徽章，等等。

军人的举止应遵守如下规定：

1. 军人必须举止端正，谈吐文明，精神振作，姿态良好。不得袖手、背手和将手插入衣袋，不得边走边吸烟、吃东西、扇扇子，不得挽臂搭肩。

2. 军人参加集会、晚会，必须按规定的时间和顺序入场，按指定的位置就座，遵守会场秩序，不得迟到早退。散会时，依次退场。

3. 军人外出，必须遵守公共秩序和交通规则，遵守社会公德，自觉维护军队的声誉，等等。

第七章：对外交往。本章规定“军人在对外交往中必须遵纪守法，坚决维护国家和军队的利益”。

第八章：作息。一是规定一日时间的分配，指出“工作日通常保持八小时工作（操课）和八小时睡眠，并规定起床、早操、洗漱、开饭、课外活动和点名时间”。二是规定连队和机关一日生活的具体项目、内容和要求。

第九章：日常制度。部队的日常制度包括以下几个方面。

1.行政会议制度。连队的行政例会，主要有：

班务会，每周召开一次，由班长主持，在星期日晚饭后进行，一般不超过一小时，主要是检查小结一周的工作。

排务会，每月召开一至二次，由排长主持，正、副班长参加，主要研究本排工作。

连务会，每月至少召开一次，由连首长主持，班长以上人员参加，主要分析连队完成任务、军事训练、政治教育、行政管理和思想政治工作等方面的情况，进行总结、讲评，研究布置工作。

连军人大会，每月或一个工作阶段召开一次，由连首长主持，全体军人参加，主要是连首长或军人委员会向军人大会报告工作，传达和布置任务，发扬民主，听取士兵对连队工作的批评和建议。

2.请示报告制度。对本单位无权决定或者无力解决的问题应当及时向上级请示。请示通常采取书面或口头形式，逐级进行。请示应当一事一报，条理清晰，表述准确，逐级进行。下级应当主动向上级报告情况。

3.连队内务设置制度。连队内务设置应当利于战备，方便生活，因地制宜，整齐划一，符合卫生要求。

4.登记统计制度。

5.请假销假制度。本制度指出“军人外出，必须按级请假，按时归队销假；未经领导批准不得外出。军人在执勤和操课（工作）时间内，无特殊事由不得请假”。“请假一日以内（不远离驻地，不在外住宿）的，士兵由连首长批准，军官由直接首长批准。”“严格按照比例控制请假外出人数。”

部队的日常制度还包括：查铺查哨制度、军官留营住宿制度、点验制度、交接制度、接待制度、证件和印章管理制度和保密制度。

第十章：值班。值班是保持军队指挥不间断，保证军队常备不懈，维持军队内部秩序和保障安全的组织措施。各级都要建立值班制度。本章规定了值班制度、值班人员一般职责和交换班、换班等内容。

第十一章：警卫。本章规定了警卫要求、注意事项和一般守则。

第十二章:零散人员管理。本章规定了对公勤人员、单独执行任务人员、探亲休假人员和伤病员的管理教育内容。

第十三章:日常战备和紧急集合。本章规定了部队日常战斗准备的主要工作,紧急集合实施的时机和紧急集合方案的内容。

第十四章:装备日常管理。本章规定了武器装备的维护、保养、保管、检查和使用制度。

第十五章:财务和伙食、农副业生产管理。财务管理强调要日清月结、公私分开、合理使用、有凭有据。伙食管理主要强调重视伙食管理,保证每个军人的伙食达到营养标准;重视饮食卫生,尊重少数民族军人的生活习惯等。

第十六章:卫生。本章规定了军人个人卫生的内容、要求和卫生保健制度,明确了室内室外环境卫生标准和卫生清扫、检查制度。

第十七章:营区及房地产管理。本章明确了营区治安、营区秩序、房地产管理的制度和营区绿化建设,规定了防火和消防工作的制度和措施。

第十八章:野营管理。本章规定了野营前、野营中、野营后的工作任务和内容,明确了野营管理的注意事项。

第十九章:安全工作。本章提出了安全工作的基本要求及对常见事故的预防。

第二十章:国旗、军旗、军徽的使用和国歌、军歌的奏唱。

第二十一章:附则。

附录包括我军军旗、军徽式样,军歌,报告词示例;军官证、文职干部证、士兵证式样;各种符号臂章式样;外出证式样;男女军人参照发型等。

三、贯彻《内务条令》应注意的问题

(一)加强对《内务条令》的学习,端正对条令的认识

学习中,应着重弄懂执行条令的目的、意义和要求,明确贯彻执行条令与维护部队平时的内部秩序,培养和锻炼部队适应现代战争的各种能力的关系,切实从思想上提高贯彻执行《内务条令》的自觉性。

(二)理论联系实际,严格按照条令办事

执行条令,不仅是口头上讲,而且贵在行动。在日常生活、工作、训练中既要讲清按照条令办事的道理,又要注重每个军人的一切行动和部队工作在各方面贯彻执行条令的实际效果。

(三)抓好养成教育

各级机关和各级干部,要从一点一滴、一言一行抓起,常抓不懈,一抓到底;特别是基层干部,要做到身教重于言教,以榜样的力量去带动下级。同时各级机关干部要做到腿勤、眼勤、嘴勤,经常进行宣传工作,帮助下级解决实际问题。要提倡群众性的互相监督,互相教育,养成人人按条令办事的习惯,形成良好的风气。

(四)搞好检查评比工作

检查评比是推动部队贯彻条令的一项重要措施。通过检查评比鼓励先进,鞭策后进,带动中间;检查评比要讲求实效,不做表面文章;要坚持赏罚严明,赏好罚差,充分调动全体人员贯彻落实条令的积极性。

第三节 《纪律条令》简介

一、《纪律条令》概述

《纪律条令》是规定军队纪律的条令,是军人的行为准则和军队维护纪律、实施奖惩的依据。现行的《纪律条令》于 1997 年 10 月 7 日由中央军委发布实施,根据 2002 年 3 月 23 日《中央军委关于修改〈中国人民解放军纪律条令〉的决定》修订。

《纪律条令》继承了我军维护和巩固纪律的优良传统,反映了我军纪律建设的新发展,贯彻了从严治军、依法治军的思想,体现了党的路线、方针、政策和宪法精神,反映了我军新时期的特点和广大指战员的要求。

二、《纪律条令》的基本内容

《纪律条令》共分 7 章 96 条，并有附录 7 项。

第一章：总则。本章着重阐述了我军纪律产生的基础、目的和基本内容，指出："中国人民解放军的纪律，是建立在政治自觉基础上的严格的纪律，是军队战斗力的重要因素，是坚持人民军队的性质、宗旨，团结自己、战胜敌人和完成一切任务的保证。""维护和巩固纪律，必须以毛泽东军事思想、邓小平新时期军队建设思想为指针，贯彻落实政治合格、军事过硬、作风优良、纪律严明、保障有力的总要求，继承和发扬我军优良传统，坚持官兵一致、上下一致，严格管理、严格要求，说服教育、启发自觉，公正无私、赏罚严明的原则。"

中国人民解放军纪律的基本内容包括：①执行中国共产党的路线、方针、政策；②遵守国家的宪法、法律、法规；③执行军队的条令、条例和规章制度；④执行上级的命令和指示；⑤执行三大纪律、八项注意。

中国人民解放军的纪律要求每个军人必须做到：①听从指挥，令行禁止；②严守岗位，履行职责；③尊干爱兵，团结友爱；④军容严整，举止端正；⑤提高警惕，保守秘密；⑥爱护武器装备和公物；⑦廉洁奉公，不谋私利；⑧拥政爱民，保护群众利益；⑨遵守社会公德，讲究文明礼貌；⑩缴获归公，不虐待俘虏。

军人必须自觉地维护纪律。"本人违反纪律被他人制止时，应当立即改正；发现其他军人违反纪律时，应当主动规劝和制止；发现他人有违法行为时，应当挺身而出，采取合法手段坚决制止。"

第二章：奖励。本章明确了奖励的目的和原则、奖励的项目、奖励的条件、奖励的权限和奖励的实施。"奖励的目的在于维护纪律，鼓励先进，调动官兵的积极性、创造性，发扬爱国主义、共产主义和革命英雄主义精神，保证作战、训练和其他各项任务的完成。"

奖励应当坚持下列原则：①严格标准，按绩施奖；②发扬民主，贯彻群众路线；③以精神奖励为主，物质奖励为辅。

奖励项目分为嘉奖、三等功、二等功、一等功和荣誉称号。

第三章:处分。本章明确了处分的目的和原则、处分的项目、处分的条件、处分的权限和处分的实施。“处分的目的在于严明纪律,教育违纪者和部队,加强集中统一,巩固和提高部队战斗力。”

处分应当坚持下列原则:①依据事实,惩戒恰当;②惩前毖后,治病救人;③纪律面前人人平等。

处分的项目分为警告、严重警告、记过、记大过、降职或降衔(衔级工资档次)、撤职或者取消士官资格、除名和开除军籍。

第四章:特殊措施。本章规定了在各种特殊情况下发生问题的处理原则和方法,以及所负的责任。

第五章:控告和申诉。本章明确了控告和申诉的目的,军人实施控告和申诉的条件、程序和形式,保证军人控告、申诉权利的要求和控告军外人员的注意事项。

第六章:首长责任和纪律监察。

第七章:附则。

附录主要规定了奖励、处分登记表的格式等。

三、贯彻《纪律条令》应注意的问题

(一)坚持以思想教育为主的方针

这一方针既是《纪律条令》本身的明确要求,也是我军维护和巩固纪律的光荣传统。首先,要经常组织部队认真学习马列主义、毛泽东思想、邓小平理论和“三个代表”重要思想,不断提高政治觉悟。其次,要经常地进行道德、法制和纪律教育,不断增强法律和纪律观念。

(二)坚持赏罚分明的原则

正确地实施赏与罚,是维护纪律的必要措施。要使纪律真正得到执行,成为大家自觉遵守的准则,关键是正确地实施赏罚。只有赏罚分明,坚持实事求是,坚持原则,不徇私情,才能使纪律顺利地执行。

(三)干部要做执行《纪律条令》、遵纪守法的模范

在贯彻落实《纪律条令》中,各级干部必须以身作则,要身教重于言教,给士兵树立榜样。

第四节 《队列条令》简介

一、《队列条令》概述

《队列条令》是中国人民解放军队列生活的准则和队列训练的基本依据。现行的《队列条令》是于 1997 年 9 月 25 日经中央军委常务会议通过，于同年 10 月 7 日发布施行的。该条令从适应我军优良作风的培养和技术、战术训练的需要出发，以加强我军现代化建设，提高部队战斗力为目的，对中国人民解放军的队列动作、队列队形和队列指挥作了具体规范。

队列，是军人进行集体活动必不可少的组织形式。在军队的训练、工作和生活中，凡是集体活动都离不开队列。我军历来重视队列训练和队列生活，一直将队列训练作为制式训练的一个重要内容。认真执行现行的《队列条令》，对于进一步规范全军的队列生活，培养优良的作风和严格的组织纪律，保持军队的高度集中统一，加强我军正规化建设，提高部队的战斗力，具有十分重要的意义。

二、《队列条令》的基本内容

《队列条令》共分 9 章 65 条，并有附录 5 项。

第一章：总则。本章阐明了队列训练的意义、目的和要求。同时指出“全体军人必须严格执行本条令，加强队列训练，培养良好的军姿、严整的军容、过硬的作风、严格的纪律性和协调一致的动作，促进军队正规化建设，巩固和提高战斗力”。

队列纪律包括：①坚决执行命令，做到令行禁止；②姿态端正，军容严整，精神振作，严肃认真；③按照规定的位置列队，集中精力听指挥，动作迅速、准确、协调一致；④保持队列整齐，出、入列应当报告并经允许。

第二章：队列指挥。本章明确了队列指挥位置、队列指挥方法和队列指挥的要求。

第三章:队列队形。本章规定了队列的基本队形,列队的间距,班、排、连、营、团的队形和指挥员的位置。

第四章:队列动作。

单个军人的动作,规定了单个军人的徒手队列动作,以及操枪、操筒(40 火箭筒)、操炮(60 迫击炮)时的队列动作。

班、排、连队列动作,规定了班、排、连和军、兵种分队的队形,班、排、连集合、解散、整齐、报数、行进、停止、队形、方向变换以及持枪(炮)的动作。

营、团的队列动作,规定了步兵营、团和军、兵种营、团的队列动作。

第五章:分队乘坐汽车。本章规定了分队乘坐汽车和步兵战斗车(装甲输送车)的组织程序、实施的方法和要求,明确车辆行进与停止的注意事项和具体规定。

第六章:敬礼。本章规定了单个军人和分队在不同场合的敬礼动作。

第七章:国旗的掌持、升降和军旗的掌持、授予与迎送。本章规定了掌持国旗、军旗的要领,以及部队在迎军旗、送军旗时的队形和队列动作。

第八章:阅兵。本章明确了阅兵的时机和形式,规定了(步兵团)阅兵式和分列式的组织程序和方队的动作要领。

第九章:附则。

附录主要规定了队列口令下达的要领;仪仗队举枪礼的动作要领;半自动步枪、自动步枪的架枪要领;标兵旗的规格;队列术语和团以下主管人员等的队列符号等。

三、贯彻《队列条令》应注意的问题

(一)深入进行《队列条令》教育,提高对队列训练重要意义的认识,增强执行《队列条令》的自觉性

对大家要经常地进行《队列条令》教育,使军官、士兵熟悉条令的内容和要求,明确训练的目的、意义,既知道应该怎样做,也知道为什么要

这样做。同时使大家明确：

队列训练是培养部队高度组织观念的重要措施，严格的队列训练，可以使部队养成令行禁止的好作风。队列训练是我军技术、战术训练的基础，一切技术、战术动作都必须从队列训练做起。基本的队列动作不准确，就要影响技术、战术的训练效果，有碍战斗力的提高。严格的队列训练，能使部队养成军容严整、讲礼貌、讲纪律、讲团结和团结、紧张、严肃、活泼的良好作风。队列训练有助于增强官兵的体质和培养坚忍不拔的毅力。总之，加强队列训练，对军队建设、战备建设，扬我国威、军威等方面具有重要的作用。

(二)贯彻“严格要求、严格训练”的训练方针

条令是法典，每个军人都必须遵守。队列训练要严格，“严格”就是严肃、认真，一丝不苟地照条令规定的动作、队形去做，达到条令要求的标准。只有这样做，才能把条令贯彻下去。

(三)贯彻“教养一致”的原则

在操场上要按照条令、条例、教程、教范规定的动作要领严格训练。在日常生活中，也要严格要求，养成良好的习惯，做到教养一致。同时，要把操场上队列训练的动作，贯彻到日常生活中去。把立正、稍息作为军人平时的基本姿态，以准确的队列动作培养军人的组织观念，以基本的敬礼动作培养军人有教养、讲礼貌的良好习惯，以班、排、连整齐统一的动作培养部队“整齐划一，令行禁止”的集体主义观念，通过严格的训练和平时的养成，培养军官、士兵贯彻条令的自觉性。

(四)干部以身作则，搞好传、帮、带是贯彻好条令的关键

古今中外的著名将领，都是身先士卒的楷模。朱德同志讲过：“干部不怕死，战士就勇敢了，干部肯吃苦，战士就是再苦也甘心。”干部的行动就是无声的命令，喊破嗓子也不如做出样子。贯彻条令，也要这样，干部自身要做好表率，以自己的模范行动去影响部队、带动部队，才能把《队列条令》贯彻到底。

队列动作训练

队列动作，是指对单个军人和部队所规定的队列训练、队列生活和日常生活的制式动作，也是战斗动作的基础。

一、立正、稍息、停止间转法

(一)立正

立正是军人的基本姿势，是队列动作的基础。

口令：立正。

要领：两脚跟靠拢并齐，两脚尖向外分开约 60 度，两腿挺直；小腹微收，自然挺胸；上体正直，微向前倾；两肩要平，稍向后张；两臂下垂自然伸直，手指并拢自然微屈，拇指尖贴于食指第二节，中指贴于裤缝；头要正，颈要直，口要闭，下颌微收，两眼向前平视，如图 1-1 所示。

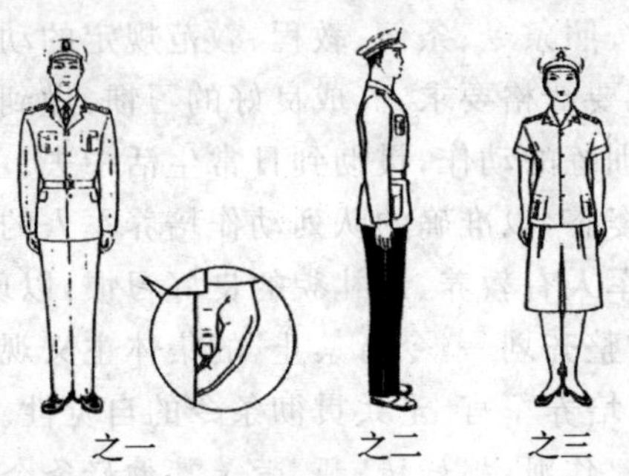

图 1-1

携枪(筒)的要领：

肩冲锋枪和 81 式自动步枪(40 火箭筒)时，右手在右胸前握背带(拇指由内顶住)，右大臂轻贴右肋，枪(筒)身垂直，枪口(筒尾)向下。持半自动步枪(班用轻机枪)时，右臂自然下垂，左手将背带挑起、拉直，由右手拇指在内压住，余指并拢在外将枪握住，同时左手放下，托底钣在右脚外侧全部(81 式自动步枪托前踵)着地，托后踵同脚尖齐，如图 1-2 所示。

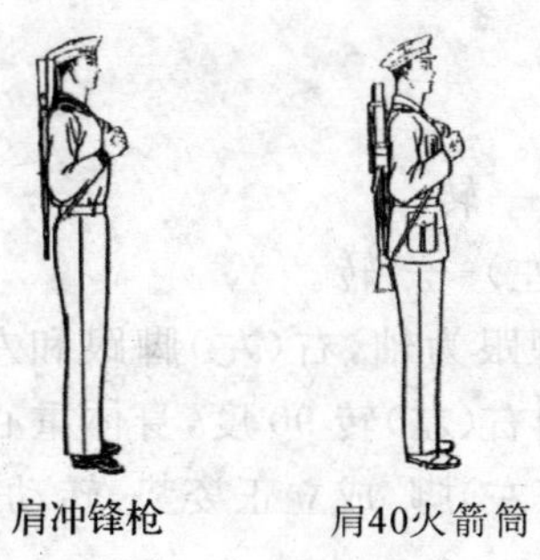

肩冲锋枪　　肩40火箭筒

图 1-2

(二)跨立(即跨步站立)

口令:跨立。

要领:左脚向左跨出约一脚之长,两腿自然伸直,上体保持立正姿势,身体重心落于两脚之间。两手后背,左手握右手腕,拇指根部与外腰带下沿(内腰带上沿)同高;右手手指并拢自然弯曲,手心向后。携枪时不背手,如图 1-3 所示。

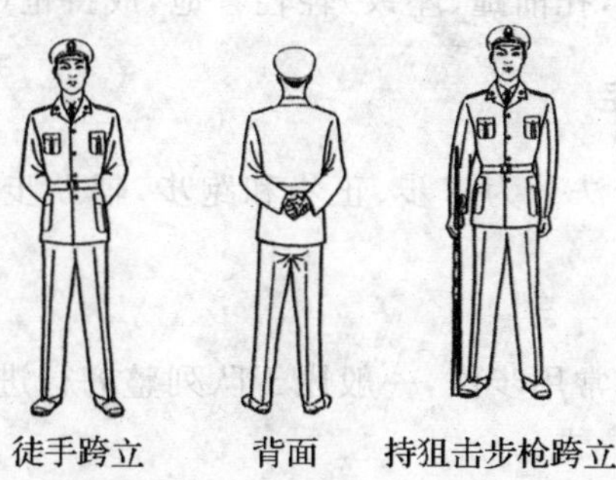

徒手跨立　　背面　　持狙击步枪跨立

图 1-3

(三)稍息

口令:稍息。

要领:左脚顺脚尖方向伸出约全脚的三分之二,两腿自然伸直,上体保持立正姿势,身体重心大部分落于右脚。携枪(筒、炮)时,携带的方法不变,其余动作同徒手。稍息过久,可自行换脚。

（四）停止间转法

1. 向右（左）转

口令：向右（左）——转。

半面向右（左）——转。

要领：以右（左）脚跟为轴，右（左）脚跟和左（右）脚掌前部同时用力，使身体和脚一致向右（左）转 90 度，身体重心落在右（左）脚，左（右）脚取捷径迅速靠拢右（左）脚，成立正姿势。转动和靠脚时，两腿挺直，上体保持立正姿势。

半面向右（左）转，按照向右（左）转的要领转 45 度。

2. 向后转

口令：向后——转。

要领：按照向右转的要领向后转 180 度。

3. 持枪（炮）转动时，除按照徒手动作要领外，听到预令，将枪（炮）稍提起（60 迫击炮手，右手移握架头），拇指贴于右胯，使枪（炮）随身体平稳转向新的方向，托前踵（座钣）轻轻着地，成持枪（炮）立正姿势。

二、行进与立定

行进的基本步法分为齐步、正步和跑步，辅助步法有便步、踏步和移步。

（一）齐步

齐步是军人的常用步法，一般用于队列整齐行进。

口令：齐步——走。

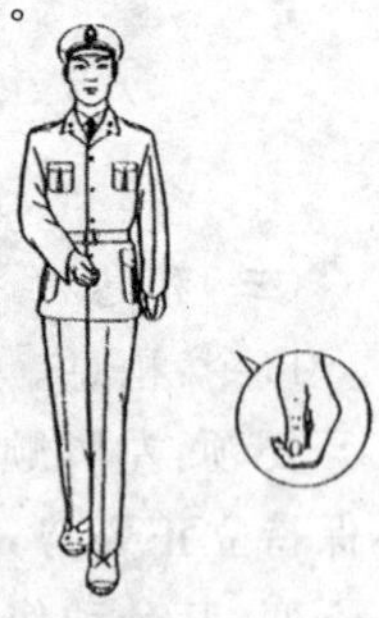

图 1-4

要领：左脚向正前方迈出约 75 厘米，按照先脚跟后脚掌的顺序着地，同时身体重心前移，右脚照此法动作；上体正直，微向前倾；手指轻轻握拢，拇指贴于食指第二节；两臂前后自然摆动，向前摆臂时，肘部弯曲，小臂自然向里合，手心向内稍向下，拇指根部对正衣扣线，并与最下方衣扣同高（着夏季作训服时，与第四衣扣同高；着冬季作训服时，与第五衣扣同高；着水兵服时，与腰带同高），离身体约 25 厘米；向后摆臂时，手臂自然伸直，手腕前侧距裤缝线约 30 厘米，如图 1-4 所示。行进速度为每分钟 116—122 步。

（二）正步

正步主要用于分列式和其他礼节性场合。

口令：正步——走。

要领：左脚向正前方踢出约 75 厘米（腿要绷直，脚尖下压，脚掌与地面平行，离地面约 25 厘米），适当用力使全脚掌着地，同时身体重心前移，右脚照此法动作；上体正直，微向前倾；手指轻轻握拢，拇指伸直贴于食指第二节；向前摆臂时，肘部弯曲，小臂略成水平，手心向内稍向下，手腕下沿摆到高于最下方衣扣约 10 厘米处（着夏季作训服时，与第三衣扣同高；着冬季作训服时，与第四衣扣同高；着水兵服时，手腕上沿距领口角约 15 厘米），离身体约 10 厘米；向后摆臂时（左手心向右，右手心向左），手腕前侧距裤缝线约 30 厘米，如图 1-5 所示。行进速度为每分钟 110—116 步。

图 1-5

（三）跑步

跑步主要用于快速行进。

口令：跑步——走。

要领：听到预令，两手迅速握拳（四指蜷握，拇指贴于食指第一关节和中指第二节上），提到腰际，约与腰带同高，拳心向内，肘部稍向里合。听到动令，上体微向前倾，两腿微弯，同时左脚利用右脚掌的蹬力跃出约 85 厘米，前脚掌先着地，身体重心前移，右脚照此法动作；两臂前后自然摆动，向前摆臂时，大臂略直，肘部贴于腰际，小臂略平，稍向里合，两拳内侧各距衣扣线约 5 厘米；向后摆臂时，拳贴于腰际，如图 1-6 所示。行进速度为每分钟 170—180 步。

之一

之二

图 1-6

(四)便步

便步用于行军、操练后恢复体力及其他场合。

口令:便步——走。

要领:用适当的步速、步幅行进,两臂自然摆动,上体保持良好姿态。

(五)踏步

踏步用于调整步伐和整齐。

停止间口令:踏步——走。

行进间口令:踏步。

要领:两脚在原地上下起落(抬起时,脚尖自然下垂,离地面约 15 厘米;落下时,前脚掌先着地),上体保持正直,两臂按照齐步或者跑步摆臂的要领摆动,如图 1-7 所示。

图 1-7

(六)移步(5 步以内)

移步用于调整队列位置。

1. 右(左)跨步

口令:右(左)跨×步——走。

要领:上体保持正直,每跨 1 步并脚一次,其步幅约与肩同宽,跨到指定步数停止。

2. 向前或后退

口令:向前×步——走。

后退×步——走。

要领：向前移步时，应当按照单数步要领进行（双数步变为单数步）。向前 1 步时，用正步，不摆臂；向前 3 步或 5 步时，按照齐步走的要领进行。向后退时，从左脚开始，每退 1 步靠脚一次，不摆臂，退到指定步数停止。

（七）立定

口令：立——定。

要领：齐步和正步走时，听到口令，左脚再向前大半步着地（脚尖向外约 30 度），两腿挺直，右脚取捷径迅速靠拢左脚，成立正姿势。跑步时，听到口令，再跑 2 步，然后左脚向前大半步（两拳收于腰际，停止摆动）着地，右脚靠拢左脚，同时将手放下，成立正姿势。踏步时，听到口令，左脚踏 1 步，右脚靠拢左脚，原地成立正姿势（跑步的踏步，听到口令，继续踏 2 步，再按照上述要领进行）。

持枪（炮）立定时，在右脚靠拢左脚后，迅速将托底钣（座钣）轻轻着地。其余要领同徒手。

（八）步法变换

步法变换均从左脚开始。

齐步、正步互换，听到口令，右脚继续走 1 步，即换正步或者齐步行进。

齐步换跑步，听到预令，两手迅速握拳提到腰际，两臂前后自然摆动；听到动令，即换跑步行进。

齐步换踏步，听到口令，即换踏步。

跑步换齐步，听到口令，继续跑 2 步，然后换齐步行进。

跑步换踏步，听到口令，继续跑 2 步，然后换踏步。

踏步换齐步或者跑步，听到“前进”的口令，继续踏 2 步，再换齐步或者跑步行进。

三、行进间转法

（一）齐步、跑步向右（左）转

口令：向右（左）转——走。

要领：左（右）脚向前半步（跑步时，继续跑 2 步，再向前半步），脚尖向右（左）约 45 度，身体向右（左）转 90 度时，左（右）脚不转动，同时，出右（左）脚按照原步法向新方向行进。

半面向右（左）转走，按照向右（左）转走的要领转 45 度。

（二）齐步、跑步向后转

口令：向后转——走。

要领：左脚向右脚前迈出约半步（跑步时，继续跑 2 步，再向前半步），脚尖向右约 45 度，以两脚的前脚掌为轴，向后转 180 度，出左脚按照原步法向新方向行进。转动时，保持行进时的节奏，两臂自然摆动，不得外张；两腿自然挺直，上体保持正直。

四、坐下、蹲下、起立

（一）坐下

口令：坐下。

枪靠右肩——坐下。

要领：左小腿在右小腿后交叉，迅速坐下（坐凳子时，听到口令，左脚向左分开约一脚之长），手指自然并拢放在两膝上，上体保持正直。

携枪（筒）坐下时，枪（筒）靠右肩（枪面向右、筒面向左），右手自然扶贴护木，左手手指自然并拢，放在左膝上。

（二）蹲下

口令：蹲下。

之一

之二

图 1-8

要领:右脚后退半步,前脚掌着地,臀部坐在右脚跟上(膝盖不着地),两腿分开约60度,手指自然并拢放在两膝上,上体保持正直。蹲下过久,可以自行换脚,如图1-8所示。

(三)起立

口令:起立。

要领:全身协力迅速起立,成立正姿势或者成持枪(炮)、肩枪(筒)立正姿势。

五、脱帽、戴帽、整理着装

(一)脱帽

口令:脱帽。

要领:双手捏帽檐或者帽前端两侧,将帽取下,取捷径置于左小臂,帽徽向前,掌心向上,四指扶帽檐或者帽墙前端中央处,小臂略成水平,右手放下,如图1-9所示。

图1-9

(二)戴帽

口令:戴帽。

要领:双手捏帽檐或者帽前端两侧,取捷径将帽迅速戴正。

(三)整理着装

整理着装,通常在立正的基础上进行,

要领:双手从帽子开始,自上而下,将着装整理好。必要时,也可以相互整理。整理完毕，自行稍息。听到“停”的口令，恢复立正姿势。

六、操枪（半自动步枪）

（一）托枪、枪放下

口令：托枪。

要领：右手将枪提到右肩前，枪身垂直，离身体约 15 厘米，枪面向右，手约同肩高，大臂贴右肋，同时左手握表尺上方；左手将枪上提，同时右手拇指贴于托后踵，余指并拢握托底钣；两手协力将枪送上右肩，左手迅速放下；枪身要正，弹仓后端与第一衣扣同高，托后踵与衣扣线齐；右大臂轻贴右肋，小臂略平，成托枪立正姿势。

口令：枪放下。

要领：右手下压枪托，臂伸直，使枪离肩，同时左手接握表尺上方，枪身垂直，枪面向右；左手将枪稍向下移，同时右手移握上背带环下方；左手放下的同时，右手将枪放下，使托底钣轻轻着地，成持枪立正姿势。

（二）肩枪、枪放下

口令：肩枪。

要领：右手将枪提到右肩前，枪身垂直，离身体约 25 厘米，枪面向右，上背带环与第一衣同高，大臂轻贴右肋，同时左手握表尺上方，右手移握背带（拇指由内顶住）向左后拉平；用左手的推力和右手腕的旋转力迅速将枪送上右肩，右大臂轻贴右肋，枪身垂直，左手放下，成肩枪立正姿势。

口令：枪放下。

要领：用右手腕的旋转力，迅速将枪转到右肩前，离身体约 25 厘米，同时左手握表尺上方，枪面稍向右后；右手移握上背带环下方，枪身垂直，左手放下的同时，右手将枪放下，使托底钣轻轻着地，成持枪立正姿势。

（三）背枪、枪放下

口令：背枪。

要领：右手将枪提到右胸前，左手将背带向左拉平；两手将枪挂在颈上，右手移握下背带环；两手协力将枪转到背后，同时右臂由枪和背带之间伸出，两手放下，成背枪立正姿势。

口令：枪放下。

要领：右手握下背带环，左手在左胸前握背带，两手协力将枪转到身体前方，同时右臂由枪和背带之间脱出，右手移握上背带环下方；两手将枪从颈上取下，左手放下的同时，右手将枪放下，使托底钣轻轻着地，成持枪立正姿势。

七、敬礼动作

(一)敬礼

敬礼分为举手礼、注目礼和举枪礼。

1. 举手礼

口令：敬礼。

要领：上体正直，右手取捷径迅速抬起，五指并拢自然伸直，中指微接帽檐右角前约 2 厘米处（戴无檐帽或者不戴军帽时微接太阳穴，与眉同高），手心向下，微向外张（约 20 度），手腕不得弯曲，右大臂略平，与肩略成一线，同时注视受礼者。

2. 注目礼

口令：敬礼。

要领：面向受礼者成立正姿势，同时注视受礼者，并目迎目送（右、左转头角度不超过 45 度）。

3. 举枪礼

口令：向右看——敬礼。

要领：右手将枪提到胸前，枪身垂直并对正衣扣线，枪面向后，离身体约 10 厘米，枪口（半自动步枪准星护圈）与眼同高，大臂轻贴右肋；同时左手接握表尺上方（持半自动步枪时虎口对准枪面并与表尺上沿取齐），小臂略平，大臂轻贴左肋；同时转头向右注视受礼者，并目迎目送（右、左转头角度不超过 45 度）。

（二）礼毕

口令：礼毕。

要领：行举手礼者，将手放下；行注目礼者，将头转正；行举枪礼者，将头转正，右手将枪放下，使托前踵（半自动步枪托底钣）轻轻着地，同时左手放下，成持枪立正姿势。

（三）单个军人敬礼

要领：单个军人在距受礼者5－7步处，行举手礼或注目礼。

徒手或背枪时，停止间，应当面向受礼者立正，行举手礼，待受礼者还礼后礼毕；行进间（跑步时换齐步），转头向受礼者行举手礼（手不随头转动），并继续行进，左臂仍自然摆动，待受礼者还礼后礼毕。

携带武器（除背枪）等不便行举手礼时，不论停止间或行进间，均行注目礼，待受礼者还礼后礼毕。

（四）分队、部队敬礼

1. 停止间敬礼

要领：当首长进到距离本分（部）队适当距离时，指挥员下达“立正”的口令，跑步到首长前5－7步处敬礼。待首长还礼后礼毕，再向首长报告。例如：“团长同志，步兵第×连正在进行队列训练，全连应到×××名，实到×××名，请指示。连长×××。”报告完毕，待首长指示后，答“是”，再敬礼。待首长还礼后礼毕，然后跑步回到原来位置，下达“稍息”的口令或者继续进行操练。

2. 行进间敬礼

要领：由带队指挥员按单个军人行进间敬礼的规定实施，队列人员按照原步法行进。

八、班、排、连队列动作

（一）班、排、连队形

1. 班的队形

班的基本队形，分为横队和纵队。队列人员之间的间隔（两肘之间）通常约10厘米，距离（前一名脚跟至后一名脚尖）约75厘米，如图

1-10、图 1-11 所示。图例见本章后附录。

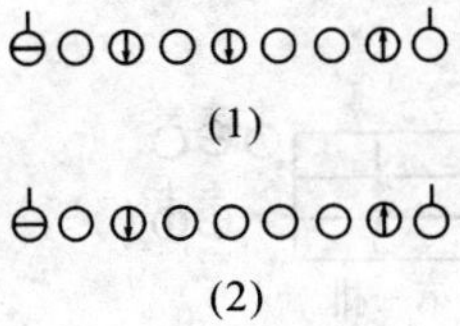

(1)

(2)

图 1-10　班横队

(1)　(2)

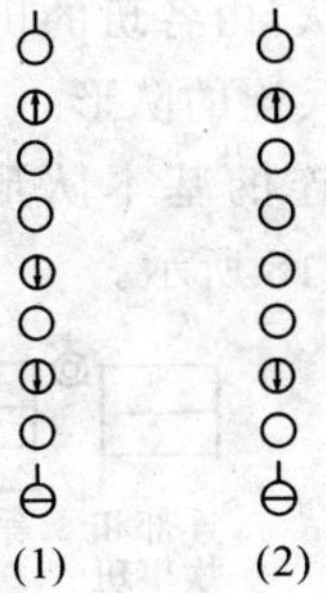

图 1-11　班纵队

需要时，可成班二列横队或二路纵队，如图 1-12、图 1-13 所示。

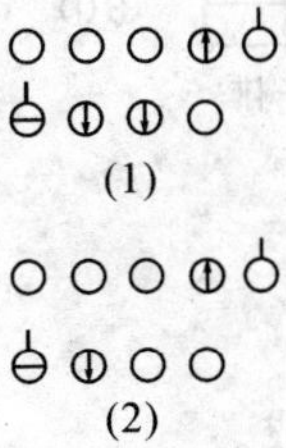

(1)

(2)

图 1-12　班二列横队

(1)　(2)

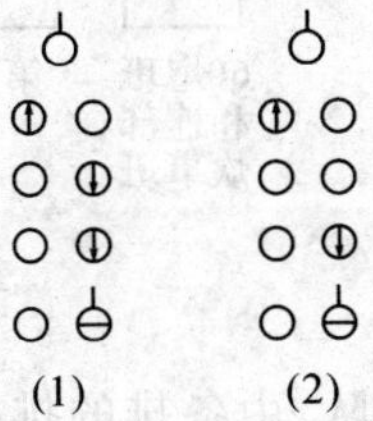

图 1-13　班二路纵队

2. 排的队形

排的基本队形，分成横队和纵队，如图 1-14、图 1-15 所示。

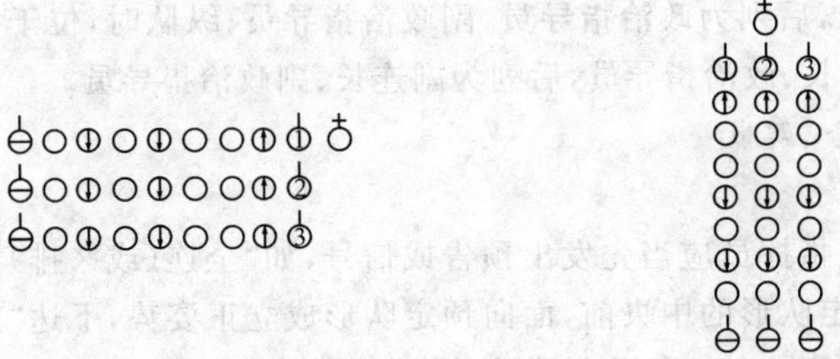

图 1-14　排横队

图 1-15　排纵队

排横队，由各班的班横队依次向后排列组成。排长在第一列基准兵右侧。

排纵队，由各班的班纵队依次向右排列组成。排长在队列中央前。

3. 步兵连的队形

步兵连的基本队形，分为横队、纵队和并列纵队，如图 1-16、图 1-17、图 1-18 所示。

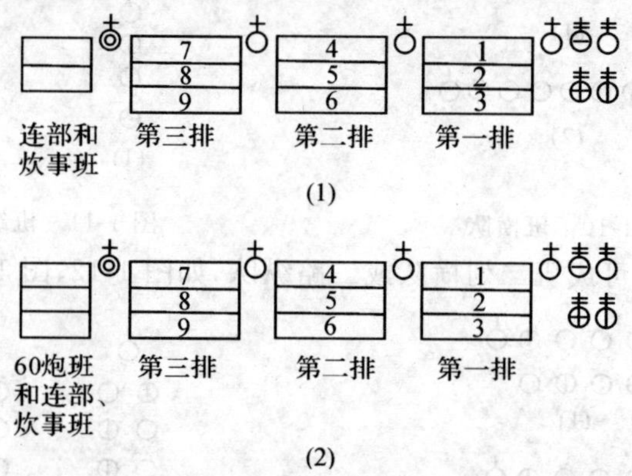

图 1-16　连横队

连横队，由各排的排横队依次向左并列组成。

连纵队，由各排的排纵队依次向后排列组成。

连并列纵队，由各排的排纵队依次向左并列组成。

连指挥员的列队位置：横队、并列纵队时，位于一排长右侧，前列为连长、副连长，后列为政治指导员、副政治指导员；纵队时，位于一排长前，前列为连长、政治指导员，后列为副连长、副政治指导员。

（二）集合、解散

1. 集合

集合时，指挥员应当先发出预告或信号，如“全连（或×排）注意”，然后站在预定队形的中央前，面向预定队形成立正姿势，下达“成××队——集合”的口令。所属人员听到预告或者信号，原地面向指挥员成立正姿势；听到口令，跑步到指定位置面向指挥员集合（凡在指挥员后侧的人员，均应从指挥员右侧绕过），自行对正、看齐，成立正姿势。

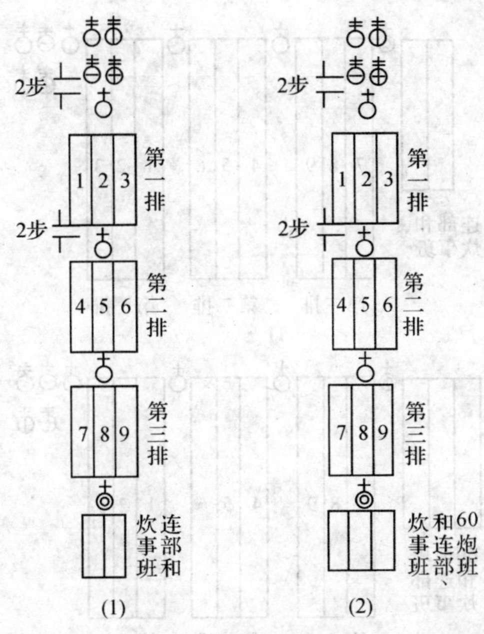

图 1-17　连纵队

(1)班集合

口令：成班横队（二列横队）——集合。

要领：基准兵迅速到班长左前方适当位置，成立正姿势；其他士兵以基准兵为准，依次向左排列，自行看齐。成班二列横队时，单数士兵在前，双数士兵在后。

口令：成班纵队（二路纵队）——集合。

要领：基准兵迅速到班长前方适当位置，成立正姿势；其他士兵以基准兵为准，依次向后排列，自行对正。成班二路纵队时，单数士兵在左，双数士兵在右。

(2)排集合

口令：成排横队——集合。

要领：基准班在指挥员前方适当位置，成班横队迅速站好；其他班成班横队，以基准班为准，依次向后排列，自行对正、看齐。

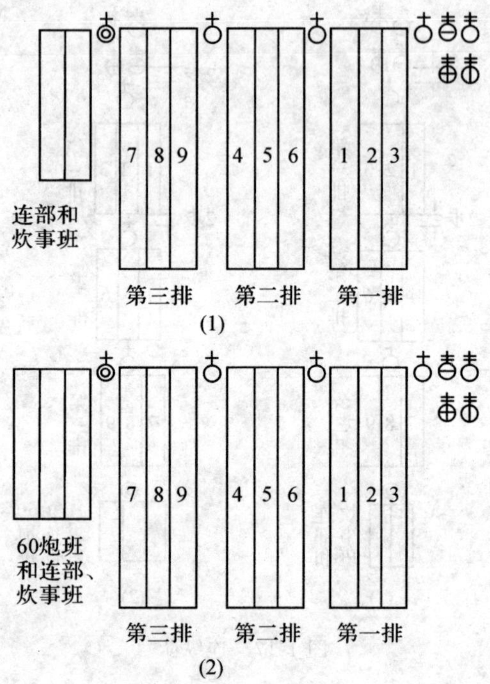

图 1-18　连并列纵队

口令:成排纵队——集合。

要领:基准班在指挥员右前方适当位置,成班纵队迅速站好,其他班成班纵队,以基准班为准,依次向右排列,自行对正、看齐。

(3)连集合

口令:成连横队——集合。

要领:队列内的连指挥员或基准排,在指挥员左前方适当位置,成横队迅速站好;各排和连部成横队,以连指挥员或基准排为准,依次向左排列,自行对正、看齐。

口令:成连纵队——集合。

要领:队列内的连指挥员或基准排,在指挥员前方适当位置,成纵队迅速站好;各排和连部成纵队,以连指挥员或基准排为准,依次向后排列，自行对正、看齐。

口令：成连并列纵队——集合。

要领：队列内的指挥员或基准排，在指挥员左前方适当位置，成纵队迅速站好；各排和连部成纵队，以连指挥员或基准排为准，依次向左排列，自行对正、看齐。

2. 解散

口令：解散。

要领：队列人员迅速离开原位置。

（三）整齐、报数

1. 整齐

整齐分为向右（左）看齐和向中看齐。

口令：向右（左）看——齐。

要领：基准兵不动，其他士兵向右（左）转头（持枪、炮时，听到预令，迅速将枪、炮稍提起，看齐后自行放下），眼睛看右（左）邻士兵腮部，前四名能通视基准兵，自第五名起，以能通视到本人以右（左）第三人为度。后列人员，先向前对正，后向右（左）看齐。一路纵队看齐时，可下达“向前——对正”的口令。

口令：以×××为准，向中看——齐。

要领：当指挥员指定以“×××为准”时，基准兵答“到”，同时左手握拳高举，大臂前伸与肩略平，小臂垂直举起，拳心向右。听到“向中看——齐”的口令后，其他士兵按照向左（右）看齐的要领实施。

口令：向前——看。

要领：基准士兵迅速将手放下，其他士兵迅速将头转正，恢复立正姿势。

2. 报数

口令：报数。

要领：横队由右向左（纵队由前向后）依次以短促洪亮的声音转头（纵队向左转头）报数，最后一名不转头。数列横队时，后列最后一名报“满伍”或“缺×名”。

九、队形、方向变换

(一)队形变换

1. 横队和纵队的互换

(1)横队变纵队

停止间口令:向右——转。

行进间口令:向右转——走。

(2)纵队变横队

停止间口令:向左——转。

行进间口令:向左转——走。

要领:停止间,按照单个军人向右(左)转的要领实施。行进间,按照单个军人向右(左)转走的要领实施。分队动作要整齐一致。队形变换后,排以上指挥员应进到规定的列队位置。

2. 停止间班横队和班二列横队,班纵队和班二路纵队的互换

(1)班横队变班二列横队

口令:成班二列横队——走。

要领:变换前,先报数。听到口令,双数士兵左脚后退1步,右脚(不靠拢左脚)向右跨1步,左脚向右脚靠拢,站在单数士兵之后,自行对正、看齐。

(2)班二列横队变班横队

口令:间隔1步,向左离开。成班横队——走。

要领:听到"间隔1步,向左离开"的口令,取好间隔;听到"成班横——走"的口令,双数士兵左脚左跨1步,右脚(不靠拢左脚)向前1步,左脚向右脚靠拢,进到单数士兵左侧,自行看齐。

(3)班纵队变班二路纵队

口令:成班二路纵队——走。

要领:变换前,先报数。听到口令,双数士兵右脚右跨1步,左脚(不靠拢右脚)向前1步,右脚向左脚靠拢,进到单数士兵右侧,自行对正、看齐。

(4)班二路纵队变班纵队

口令:距离2步,向后离开。成班纵队——走。

要领:听到“距离2步,向后离开”的口令,取好距离;听到“成班纵队——走”的口令,双数士兵右脚后退1步,左脚(不靠拢右脚)左跨1步,右脚向左脚靠拢,站到单数士兵之后,自行对正、看齐。

3. 连纵队和连并列纵队的互换

(1)连纵队变连并列纵队

停止间口令:成连并列纵队,齐步——走。

行进间口令:成连并列纵队——走。

要领:连指挥员或基准排踏步,其他排和连部停止间用齐步、行进间用跑步,逐次进到连指挥员或基准排左侧踏步,取齐,然后听口令前进或停止。

连、排指挥员位置的变换方法:听到口令,连长左脚继续踏1步,右脚向右前1步,进到政指导员前方仍踏步;其余指挥员踏步,然后按副连长、副政治指导员的顺序,分别进到连长、政治指导员的左侧继续踏步,取齐。

(2)连并列纵队变连纵队

停止间口令:成连纵队,齐步——走。

行进间口令:成连纵队——走。

要领:连指挥员或基准排照直前进,其他排和连部停止间和行进间均踏步,待连指挥员或基准排离开原位后,各排按排长口令依次跟进。

连、排指挥员位置的变换方法:听到口令,连长向左前1步,进到副连长之前踏步;其余指挥员踏步,然后按政治指导员、副政治指导员的顺序,分别进到连长、副连长的右侧继续踏步,取齐后照直前进。

(二)方向变换

1. 横队和并列纵队方向变换

停止间口令:左(右)转弯,齐(跑)步——走,或者左(右)后转弯,齐(跑)步——走。

行进间口令:左(右)转弯——走,或者左(右)后转弯——走。

要领:轴翼士兵踏步,并逐渐向左(右)转动,同相邻士兵动作协调;外翼士兵以大步行进,注意掌握方向,不要向轴翼挤靠;其他士兵用眼睛的余光向外翼取齐,愈接近轴翼者,其步幅愈小,并保持规定的间隔,不要向左、右挤靠。保持排面整齐,转到 90 度或 180 度踏步,取齐。听口令前进或停止。

数列横队和并列纵队方向变换时,后列各士兵取捷径,保持规定的间隔、距离和排面整齐,排列于前列各士兵之后。

2.纵队方向变换

停止间口令:左(右)转弯,齐(跑)步——走,或左(右)后转弯,齐(跑)步——走。

行进间口令:左(右)转弯——走,或左(右)后转弯——走。

要领:基准兵用小步,边行进边变换方向,转到 90 度或 180 度后,照直前进,其他士兵逐次进到基准兵的转弯处,转向新方向跟进。

数路纵队方向变换时,第一列轴翼士兵用小步行进,外翼士兵用大步行进。保持排面整齐,边行进边变换方向,转到 90 度或 180 度后,照直前进;后续各列保持规定的间隔距离,进到前一列转弯处,转向新方向跟进。

十、阅兵

(一)阅兵的时机和形式

阅兵通常在重大节日、检阅、迎送国宾时或据上级首长的指示进行。阅兵分为阅兵式和分列式,有时只进行一项。

(二)阅兵式

团阅兵式的队形,通常为营横队的团横队(如图 1-19),或由部队首长临时规定。列队时,各枪、炮手分别持枪(冲锋枪手挂枪)、持炮,40 火箭筒手肩筒,如图 1-19 所示。

当阅兵首长进到距离本团队列右翼适当距离时,团长在本团队列中央前下达"立正"的口令,然后跑步到距离阅兵首长 5—7 步处敬礼,礼毕后并报告。例如:"师长同志,步兵第×团整队完毕,请您检阅。团

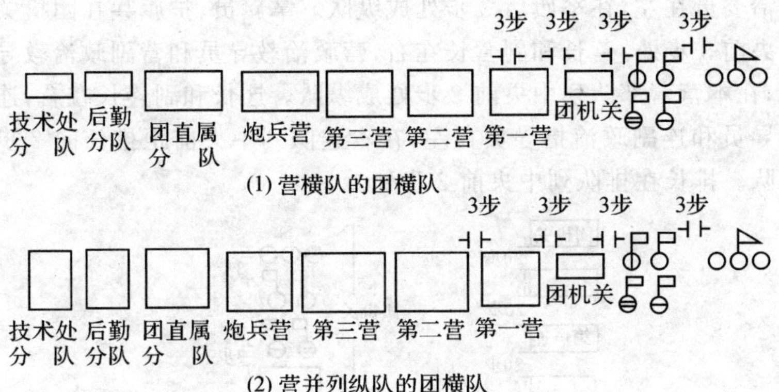

图 1-19　步兵团阅兵式队形

长×××。"团长报告完毕，左跨 1 步，向右转，让首长先走，然后在其后侧跟随陪阅。

阅兵首长进到军旗前，应向军旗敬礼。

当阅兵首长接近团机关、各营部、各连及后勤分队队列右侧前时，团机关由副团长或者参谋长，各营部由营长，各连由连长，后勤分队由团指定的指挥员下达"敬礼"的口令。听到口令后，位于指挥位置的干部行举手礼，其余人员行注目礼，目迎目送首长（左、右转头不超过 45 度）。当首长问候："同志们好！"或者"同志们辛苦了！"队列人员应当齐声洪亮地回答："首——长——好！"或者"为——人民——服务！"当首长通过后，指挥员下达"礼毕"的口令，队列人员礼毕。

团长在阅兵首长检阅全团后，按照首长的指示，跑步到队列中央前，下达"稍息"的口令，队列人员稍息。

当团政治委员陪同阅兵首长进场检阅时，在团长右侧陪阅，阅兵式结束后，进到自己的队列位置。

（三）分列式

团分列式队形，各连成并列纵队，各营部、团机关成横队，如图1-20 所示，或由部队首长临时规定。行进时，连与连、连与营部、营部与团机关之间的距离约 20 步。团长、副团长和团参谋长在右，团政治委员和团副政治委员在左，在军旗后 3 步处成纵队。掌旗员、护旗兵在团机关队列中央前 3 步处。营长和副营长在右，营政治教导员和营副政治教导员在左，在本营营部队列中央前 2 步处成纵队。连长和副连长在右，连政治指导员和连副政治指导员在左，在本连队列中央前距排长前 2 步处成纵队。排长在排队列中央前 2 步处。

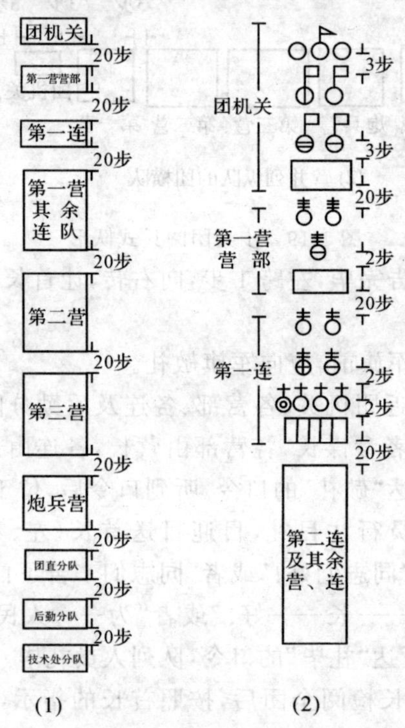

图 1-20　步兵团分列式队形

团分列式，应当设四个标兵。一、二标兵之间和三、四标兵之间的间隔各为 15 米，二、三标兵之间的间隔为 40 米，如图 1-21 所示。标兵携带半自动步枪，并在枪上插标兵旗。

半自动步枪、班用轻机枪、40 火箭筒手托枪、筒，冲锋枪手挂枪，其他枪炮手扛枪、炮。

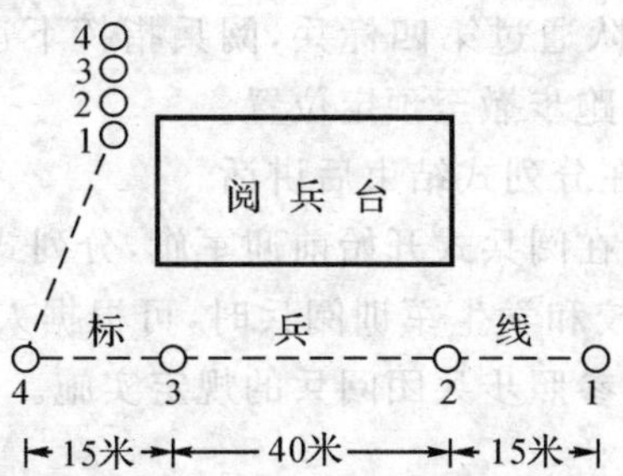

图 1-21　步兵团阅兵标兵设置位置和标兵就位行进路线

分列式开始前，团长在本团队列中央前，下达“标兵，就位”的口令。标兵听到口令，成一路纵队持(托)枪跑步到规定的位置，面向部队成持枪立正姿势。

标兵就位后，团长下达“立正”、“分列式——开始”的口令。各分队听到口令，按规定方法携带武器(掌旗员扛旗)，团、营指挥员分别进到团机关和营部的预定队列中央前，各分队指挥员进到本分队队列中央前，指挥分队变换队形(通常由副团长和营长下达“右转弯，齐步——走”的口令)。变换成规定的分列式队形后，团长跑步到自己的队列位置，下达“齐步——走”的口令。团机关人员听到口令，以齐步行进。其余分队待前一分队离开约 15 米时，分别由营、连长及后勤分队指挥员下达“齐步——走”的口令，各分队听到口令，开始齐步行进。

各分队应在第一标兵处，将队列调整好。进到第二标兵处，团、营、连长和后勤分队指挥员分别下达“向右——看”的口令，队列人员听到口令，即换正步(掌旗员由扛旗换端旗。需要时，半自动步枪换端枪)行进，位于指挥位置的军官行举手礼，其余人员向右转头(掌旗员、护旗兵和右翼第一名不转头)不超过 45 度注视阅兵首长。进到第三标兵处，由上述指挥员下达“向前——看”的口令，队列人员听到口令，在礼毕的同时换齐步(掌旗员换扛旗，半自动步枪手端枪时换托枪)行进。当上级首长检阅时，团长和团政治委员通过第三标兵后，到阅兵首长右侧陪阅。各分队通过第四标兵，换跑步到指定位置。

待最后一个分队通过第四标兵，阅兵指挥下达“标兵，撤回”的口令，标兵按相反顺序跑步撤至预定位置。

阅兵首长通常在分列式结束后讲话。

团阅兵时，通常在阅兵式开始前迎军旗，分列式结束后送军旗。

各军、兵种、院校和学生军训阅兵时，可根据人数，以连、营或相当的分队为单位编队，参照步兵团阅兵的规定实施。

附录　符号说明

团长
团政治委员
副团长
团副政治委员
团参谋长
团政治处主任
团副参谋长
团政治处副主任
营长
营政治教导员
副营长
营副政治教导员
连长
连政治指导员
副连长
连副政治指导员
排长
司务长
班长
副班长
战士
副班长兼一炮手
掌旗员
轻机枪
40火箭筒

第二章　轻武器射击

第一节　轻武器简介

轻武器通常是指可由单兵或班组携行战斗的武器，又称“轻兵器”。手枪、步枪、机枪、火箭筒、榴弹发射器与迫击炮等单兵武器都可说是轻武器。

手枪是一种单手握持瞄准射击或本能射击的短枪管武器，通常为指挥员和特种兵随身携带，用在 50 米近程内自卫和突然袭击敌人。现代手枪的基本特点是：突然、及时、准确和隐蔽。现代军用手枪主要有自卫手枪和冲锋手枪两种。自卫手枪射程一般为 50 米，弹匣容量 8—15 发，发射方式为单发，重量在 1 公斤左右。冲锋手枪亦叫战斗手枪，全自动，一般配有分离式枪托，弹匣容量 10—20 发，平时可当冲锋枪使用，有效射程可达 100—150 米。今后手枪的发展主要要求是重量轻、便于携行和操作、弹药在 50 米内有致命效果并能对付穿防弹衣的对手。

步枪是单兵使用的长枪管抵肩射击的枪械，有半自动步枪、突击步枪、狙击步枪等各种型号。步枪以火力、枪刺和枪托杀伤敌人有生力量和轻型装甲目标，具有以下特点：精度好，弹道低伸，足够的杀伤力，良好的可靠性和勤务性。小口径步枪现已为多数国家所采用。现代小口径步枪的基本特点是：尺寸小，重量轻，带弹多，火力突击性强，机动性好，功能多。今后的发展趋势是提高弹头效能、命中概率和战斗射速；改进枪弹和枪的结构，注重使用轻质材料，提高便携性；实现步枪的点面杀伤能力和破甲一体化，力求提高步枪的多功能。

冲锋枪是一种短枪管、双手握持、发射手枪弹、近距离火力猛烈的全自动枪械的总称，装备于步兵、伞兵、侦察兵、炮兵、空军、海军等。冲锋枪的基本特点可概括为：体积小，重量轻，灵活轻便，携弹量大，火力猛烈。但由于冲锋枪枪弹威力较小，有效射程较近，射击精度较差，加之步、冲合一的突击步枪的问世，在第二次世界大战后，其战术地位逐步下降。从国外轻武器发展势头来看，除了微型、轻型、微声冲锋枪仍有生命力以外，常规冲锋枪将被小口径突击步枪所取代。

机枪是配有枪架、枪座或两脚架、三脚架，并能实施连发射击的自动枪械的总称。机枪一般分为轻机枪、重机枪、通用机枪、坦克机枪与坦克并列机枪、航空机枪、大口径高射机枪等，其口径在15毫米以下。就陆军兵种而言，机枪是步兵连以下主要自动武器之一，其主要任务是在各种条件下用密集的火力杀伤敌人集结的或单个的目标，支援步兵战斗。

火箭筒是单人使用、发射火箭弹的轻型反坦克武器。它具有良好的机动性、隐蔽性和一定的射程，能伴随步兵在各种条件下作战，是步兵中、近距离反坦克的主要武器，其有效射程300米，破甲威力随火箭筒口径不同而不同。

榴弹发射器是一种发射小型榴弹的多用途武器，威力大、火力强，主要用来消灭敌人的有生力量，也可用来打击轻装甲目标，能填补手榴弹最大投掷距离和迫击炮射程之间的火力空白，具有点面杀伤作用。按射击方式和自动化程度，榴弹发射器可分为专用肩射式（又称榴弹枪）、枪挂式、半自动式和全自动式。

第二节 武器常识

一、战斗性能和主要诸元

（一）战斗性能

56式半自动步枪和轻型冲锋枪，是步兵分队在近战中消灭敌人有生力量的主要武器。它们在400米内对单个目标射击效果最好,集中火力可以射击500米内敌人的飞机、伞兵和杀伤800米内的集团目标。弹头飞到1500米仍有杀伤力。

半自动步枪实施单发射。战斗射速为每分钟35—40发。

冲锋枪主要实施短点射(2—5发),还可以实施长点射(6—10发)。战斗射速,点射每分钟90—100发,单发射每分钟40发。

使用56式普通弹,在100米距离上能射穿6毫米厚的钢板、15厘米厚的砖墙、30厘米厚的层和40厘米厚的木板。

(二)主要诸元

半自动步枪:口径7.62毫米;枪全重3.85公斤;枪全长1.33米(棱型枪刺,折回枪刺枪长1.02米);瞄准基线长480毫米;准星宽2毫米;普通弹初速735米/秒;弹头最大飞行距离约2000米。

冲锋枪:口径7.62毫米;枪全重3.81公斤;枪全长1.1米(折回枪刺枪长0.878米);瞄准基线长378毫米;准星宽2毫米;普通弹初速710米/秒;弹头最大飞行距离约2000米。

二、半自动步枪的主要机件名称、用途、发射原理和分解结合

(一)主要机件名称和用途

半自动步枪由枪刺(刺刀)、枪管、瞄准具、活塞及推杆、机匣、枪机、复进机、击发机、弹仓和木托十大部件组成(见图2-1),另有一套附品。

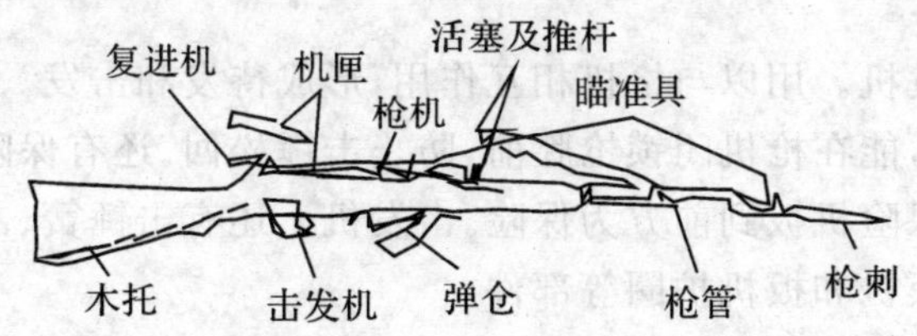

图2-1 半自动步枪的主要机件

(1)枪刺(刺刀)。用以刺杀敌人。

(2)枪管。用以赋予弹头的飞行方向。枪管内是枪膛,枪膛分为弹

膛和线膛。弹膛用以容纳子弹，线膛能使子弹在前进时旋转运动，以保持飞行的稳定。线膛有四条右旋膛线(阴膛线)。两条膛线间的凸起部分叫阳膛线。两条相对的阳膛线间的距离是枪的口径。枪管外有导气箍，用以引导火药气体冲击活塞。另外还有枪刺座、通条头槽等部件。

(3)瞄准具。用以瞄准，由表尺和准星组成。表尺板上有缺口和游标，并刻有1—10的分划，每一分划对应100米；"Π"、"D"或"3"是常用表尺分划，与表尺3相同。缺口，用以通视准星向目标瞄准。游标，用以装定需要的表尺分划。游标卡笋，用以固定游标在所需位置上。表尺座上有固定栓扳手，用以固定活塞筒和推杆。准星可拧高、拧低，准星移动座可左右移动。准星座和准星移动座上各有一条刻线，用以检查准星位置是否准确。

(4)活塞及推杆。活塞装在活塞筒内，用以传导火药气体压力，推压推杆向后。活塞筒上有上护木。推杆和推杆簧装在表尺座内。推杆能将活塞的推力传送到机栓上。推杆簧能使推杆和活塞回到前方位置。

(5)机匣。用以容纳枪机和复进机，固定击发机和弹仓。机匣外有机匣盖和连接销。机匣内有枪机阻铁，当弹仓内无子弹时，能使枪机停在后方位置。机匣内还有闭锁卡槽和拨壳凸笋。

(6)枪机。用以送弹、闭锁、击发和退壳，并能使击锤向后呈待发状态。枪机由机栓和机体组成。

(7)复进机。用以使枪机回到前方位置，由复进簧、导管、导杆和支撑环组成。

(8)击发机。用以与枪机相互作用，形成待发和击发。击发机上有击发控制杆，能在枪机闭锁枪膛前，防止击锤松回。还有保险机，可限制扳机向后，保险机扳到前方为保险。击发机上还有击锤簧、击发阻铁、弹仓盖卡笋、扳机和扳机护圈等部件。

(9)弹仓。用以容纳和托送子弹。弹仓内可装10发子弹。由弹仓体托弹板、托弹杆和弹仓盖组成。

(10)木托。主要为了便于操作。木托上有下护木、枪颈、枪托、托底钣及附品筒巢。附品，主要用以分解结合、擦拭上油、携带和排除故障。

附品包括擦拭杆、铳子、鬃刷、附品筒、通条、油壶、背带和子弹袋。

(二)半自动原理

扣扳机后,击锤打击击针,击针尖撞击子弹底火,点燃发射药,产生火药气体,推送弹头沿膛线向前运动;弹头一经过导气孔,部分火药气体就迅速通过导气孔,涌入导气箍,冲击活塞,推动推杆,使枪机向后,压缩复进簧,完成开锁、抛壳,并使击锤呈待发状态;枪机退到后方时,由于复进簧的伸张,使枪机向前运动,推送下一发子弹上膛、闭锁。此时,由于击锤已被击发阻铁卡住,不能向前打击击针。若需再次发射,必须松开扳机,使扳机连杆前端对正击发阻铁,再扣扳机,方可射击。

(三)分解结合

1. 分解结合的目的和要求

分解结合是为了擦拭、上油、检查和排除故障。分解前必须验枪。分解结合必须按顺序和要领进行,不要强敲硬卸。分解下来的机件应按顺序放在干净的物体上。除所讲的分解内容外,未经许可,不准分解其他机件。结合后,应拉送枪机数次,检查机件结合是否正确。

2. 分解结合的要领

(1)分解

拔出通条和取出附品筒。左手握护木,右手向下向外拉开枪刺约成45度,向外向上拔出通条,折回枪刺。然后,用食指顶开附品筒巢盖,取出附品筒,拧下筒盖,取出附品。

卸下机匣盖。左手握枪颈,拇指抵住机匣盖后端,右手扳连接销扳手,使之向上呈垂直状态,再向右拉到定位,向后卸下机匣盖。

抽出复进机。右手握住复进机,向后抽出。

取下枪机。左手握下护木,使枪面稍向右,右手拉枪机向后取出;然后,将机栓和机体分开。

卸下活塞筒。左手握下护木,右手扳固定栓扳手向上,使固定栓平面垂直,向上卸下活塞筒(将固定栓扳手扳回或保持不动,以防推杆弹出)。然后,从筒内取出活塞。

(2)结合

结合时,按分解的相反顺序进行。

装上活塞筒。将活塞插入活塞筒内,左手托握下护木,右手将活塞筒前端套在导气箍上,活塞筒后部对正固定栓垂直面按下,将固定栓扳手向下扳到定位。

装上枪机。左手握下护木,使枪面稍向右,右手将机体结合在机栓上,从机匣后部放进机匣内,向下按压托弹板,向前推枪机到定位。

装上复进机。右手将复进机(弯曲部向前)插入机栓上的复进簧巢内。

装上机匣盖。左手握枪颈,右手将机匣盖放在机匣上,左手拇指将其向前推到尽头,右手将连接销推入后向前扳到定位。

装上附品筒和通条。将附品装入附品筒内并盖好,左手握下护木,右手将附品筒(筒盖向外)装入附品筒巢内。然后,拉开枪刺,插入通条并使其头部进入通条头槽内,折回枪刺。

结合后,打开弹仓盖,拉送枪机数次,检查机件结合是否正确。关上弹仓盖,打开保险,扣扳机,关保险。

三、冲锋枪的主要机件名称、用途、发射原理和分解结合

(一)主要机件名称和用途

冲锋枪由枪刺(刺刀)、枪管、瞄准具、活塞、机匣、枪机、复进机、击发机、弹匣、木托(铁枪托)十大部件组成(见图 2-2),另有一套附品。

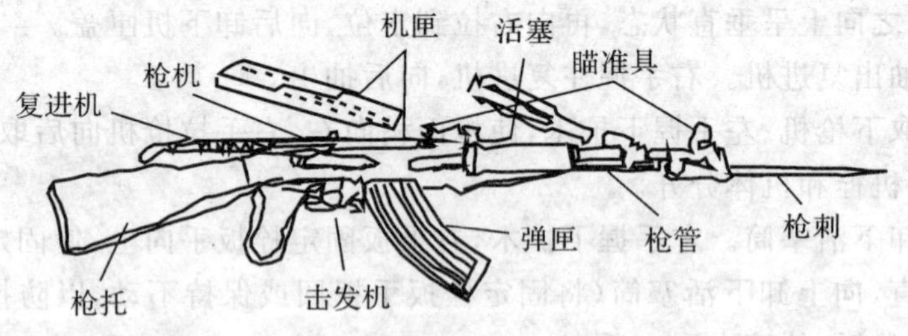

图 2-2　冲锋枪的主要机件

(1)枪刺(刺刀)。用以刺杀敌人。

(2)枪管。用以赋予弹头的飞行方向。

枪管内是枪膛,枪膛分为弹膛和线膛。弹膛用以容纳子弹,线膛能使子弹在前进时旋转运动,以保持飞行的稳定。线膛有四条右旋膛线(阴膛线)。两条膛线间的凸起部分叫阳膛线。两条相对的阳膛线间的距离是枪的口径。枪管外有导气箍,用以引导火药气体冲击活塞。下护木,主要为了便于操作和携带。

(3)瞄准具。用以瞄准,由表尺和准星组成。

表尺板上有缺口和游标,并刻有1—8的分划,每一分划对应100米;"П"或"D"是常用标尺分划,与表尺3相同。缺口,用以通视准星向目标瞄准。游标,用以装定需要的标尺分划。游标卡笋,用以固定游标在所需位置上。表尺座上有固定栓和固定栓扳手,用以固定活塞筒。

准星可拧高、拧低,准星移动座可左右移动。准星座和准星移动座上各有一条刻线,用以检查准星位置是否准确。

(4)活塞。用以传导火药气体压力,推压枪机向后。活塞外套有活塞筒。活塞筒上有上护木。

(5)机匣。用以容纳枪机和复进机,固定击发机和弹匣。

机匣外有机匣盖、握把和弹匣卡笋。机匣内有闭锁卡槽、凹槽和拨壳凸笋。

(6)枪机。用以送弹、闭锁、击发和退壳,并能使击锤向后呈待发状态。枪机由机栓和机体组成。

机栓上有圆孔和导笋槽,用以容纳机体,并引导机体旋转,形成闭锁和开锁。机栓上还有解脱凸笋、机柄和复进机巢。机体上有击针、抓弹钩、导笋和闭锁凸笋。

(7)复进机。用以使枪机回到前方位置。复进机的导管座上有机匣盖卡笋。

(8)击发机。用以与枪机相互作用,形成待发和击发。

击发机上有击发控制杆,能在枪机闭锁枪膛前防止击发。还有保险机,用以保险和控制单发射、连发射(下单、中连、上保险)。击发机上还有击发阻铁、单发阻铁、击锤和扳机。

(9)弹匣。用以容纳和托送子弹。弹匣内可装30发子弹。弹匣由弹匣体、托弹板、托弹板簧、固定板、弹匣盖组成。

(10)枪托。主要为了便于操作。木枪托上有枪颈、托底钣和附品筒巢;铁枪托由架杆、肩托和枪托卡笋组成,可以呈打开或折叠状态。

附品,主要用以分解结合、擦拭上油、携带或排除故障。附品包括:擦拭杆、鬃刷、扳子、附品筒、通条、油壶、背带和弹匣袋。

(二)自动原理

扣扳机后,击锤打击击针,击针尖撞击子弹底火,点燃发射药,产生火药气体,推送弹头沿膛线向前运动;弹头一经过导气孔,部分火药气体就迅速通过导气孔,涌入导气箍,冲击活塞推动枪机向后,压缩复进簧,完成开锁、抛壳,并使击锤呈待发状态;枪机退到后方时,由于复进簧的伸张,使枪机向前运动,推送下一发子弹上膛、闭锁。此时,如果保险机定在连发位置上,扳机未松开,击发阻铁不能卡住击锤,击锤再次打击击针,形成连发;如果保险机定在单发位置,击锤被单发阻铁卡住不能向前,若需再次发射,必须松开扳机,再扣扳机。

(三)分解结合

1. 分解结合的目的和要求同半自动步枪。

2. 分解结合的要领

(1)分解

卸下弹匣。左手握护木,枪面稍向左,右手握弹匣,拇指按压弹匣卡笋(也可右手掌心向上握弹匣,以手掌的肉厚部分推压弹匣卡笋),前推取下。

拔出通条和取出附品筒。左手握护木,右手向下向外拉开枪刺约成45度,向外向上拔出通条,折回枪刺。然后,用食指顶开附品筒巢盖,取出附品筒,并从附品筒内取出附品。

卸下机匣盖。左手握枪颈,以拇指按压机匣盖卡笋,右手将机匣盖上提取下。

抽出复进机。左手握枪颈,右手向前推导管座,使其脱离凹槽,向后抽出复进机。

取出枪机。左手握枪颈，右手打开保险，拉枪机向后到定位，向上向后取出。左手转压机体向后，使导笋脱离导笋槽，再向前取出机体。

卸下活塞筒。左手握下护木，右手扳固定栓扳手向上，使固定栓平面垂直，移握上护木后端，向上卸下。

(2)结合

结合时，按分解的相反顺序进行。

装上活塞筒。左手握下护木，右手将活塞筒前端套在导气箍上，使活塞筒后部对正固定栓平面按下，将固定栓扳手向下扳到定位。

装上枪机。右手握机栓使导笋槽向上，左手将机体结合在机栓上，使导笋进入导笋槽并转到定位，左手握枪颈，右手握枪机将活塞插入活塞筒，再将枪机后部装入机匣，向前推到定位。装上复进机。左手握枪颈，右手将复进机装入复进机巢内，向前推压，使导管座进入凹槽内。

装上机匣盖。左手握枪颈，右手将机匣盖前端抵入半圆槽内，后部的方孔对正机匣盖卡笋，向前下方推机匣盖，使卡笋进入方孔内。

装上附品筒和通条。将附品装入附品筒并盖好，左手握下护木，右手将附品筒(筒盖向外)装入附品筒巢。然后，打开枪刺，插入通条并使其头部进入通条头槽内，折回枪刺。

装上弹匣。左手握护木，枪面稍向左，右手握弹匣，将弹匣口前端先插入结合口内，扳弹匣向后，听到响声为止。

结合后，拉送枪机数次，检查机体结合是否正确。扣扳机，关保险。

四、子弹

(一)子弹的各部分名称和用途

子弹由弹头、弹壳、底火和发射药组成。弹头用以杀伤敌人的有生力量；弹壳用以容纳发射药，安装弹头和底火；底火用以点燃发射药；发射药用以燃烧产生大量火药气体，推送弹头前进。其各部分名称如图2-3所示。

(二)子弹的种类及其用途和标志

1. 普通弹。用以杀伤敌人有生力量。

2. 曳光弹。主要用以试射、指示目标和做信号。命中干草能起火。曳光距离可达 800 米。弹头头部呈绿色。

3. 燃烧弹。主要用以引燃易燃物体。弹头头部呈红色。

4. 穿甲燃烧弹。主要用以射击飞机和轻装甲目标(在 200 米距离上穿甲厚度为 7 毫米),并能在穿透装甲后引燃汽油。弹头头部呈黑色并有一道红圈。

图 2-3　子弹

五、武器的爱护、保管和检查

(一)爱护武器的要求

爱护武器、子弹是军官、士兵的重要职责,是一项经常性的战备措施,也是预防故障的有效方法。为此,必须做到:勤检查、勤擦拭、不碰摔、不生锈、不损坏、不丢失,使武器、子弹经常保持完好状态。

(二)保管使用规则

1. 武器和子弹应放在安全、干燥和通风的地方。在营房内,应放在枪架上,折回枪刺,松回击锤,关上保险(铁枪托应成折叠状态),游标定在常用表尺分划上。在居民地宿营时,不得将武器和子弹放在门窗附近。

2. 行军、作战和训练时,应尽量避免武器碰撞和沾上污物。长时间射击时,应及时给枪机上油。乘车(船)时,应将武器握在手中,防止碰撞和丢失。

3. 在潮湿和沿海地区,应特别注意防止机件和子弹生锈。在风沙较多的情况下,应防止灰沙进入枪机。

(三)擦拭上油

1.擦拭时机和要求

实弹射击后,应先用浸透油或碱水(肥皂水)的布,将武器内的烟渣、污垢擦洗干净,并用干布擦干后再上油,在以后三四天内应每天擦拭一次;训练、演习后,应适时地用干布和油布进行擦拭;不经常使用时,每周至少擦拭一次。在严寒的室外将枪带到室内时,应待出水珠后再擦拭上油。枪被海水浸过或遭受毒剂和放射性物质沾染后,应先用淡水冲洗后再擦拭。擦拭上油后,应放在通风干燥处晾干,严禁火烤和曝晒。

2.擦拭上油的方法

擦拭前,应分解武器,准备擦拭用具。结合通条时,应将通条穿过筒盖或枪口罩(冲锋枪先穿过筒体),拧紧擦拭杆。然后,将通条与筒体、铳子或穿钉连接在一起(冲锋枪将扳子插入筒体内)。

擦拭枪膛时,把布条缠在擦拭杆活动部分,并插入枪膛,将筒盖或枪口罩套在枪口上,在枪膛内均匀地来回擦拭(弹膛应从后面擦拭),直到擦净。然后,用布或鬃刷涂油。

擦拭导气箍、活塞筒时,用通条或木杆缠布擦拭,擦净后涂油。

擦拭其他机件时,应先擦净表面的烟渣和污垢,对孔、槽、沟等细小部分,可用竹(木)签缠上布进行擦拭,然后薄薄地涂上一层油。

(四)检查

1.检查外部

主要检查金属部分有无污垢、锈痕和碰伤,木质部分有无裂缝和碰伤,各部机件号码是否一致,准星是否弯曲和松动,刻线是否与矫正结果一致,游标前后移动是否自如并能牢固地卡在各个分划上。

2.检查枪膛

主要检查枪膛是否有污垢、生锈和损伤。

3.检查机能

装上数发教练弹,拉送枪机数次,检查送弹、闭锁、击发、退壳及保险时各部分机能是否正常。

4.检查附品和子弹

主要检查附品是否齐全完好，子弹有无锈蚀、凹陷、裂缝，弹头是否松动。

六、故障的预防和排除

（一）故障的预防

1.严格按规则使用武器、子弹，有问题的机件应及时送修或更换，有问题的子弹不准使用。

2.战斗中连续射击时，应抓紧时机擦拭或向活动机件注油。

3.在严寒气候下使用武器时，不能过多上油，以防止枪油冻结，影响机件活动。在装弹前，应将枪机来回拉送数次或向活动部分注入少量汽油（煤油或酒精）。

（二）排除故障的方法

射击中，若发生故障，通常可拉枪机向后，重新装弹继续射击。如仍有故障，应迅速查明原因，及时排除。可能发生的故障、原因及排除方法如表 2-1 所示。

表 2-1　半自动步枪、冲锋枪可能出现的故障、原因及排除方法

故障现象	发生原因	排除方法
不送弹	1.弹匣过脏或损坏 2.机件过脏，枪机后退不到定位	1.擦拭过脏机件或弹仓 2.更换弹匣
不发火	1.子弹底火失效 2.击锤簧弹力不足或击针损坏	1.更换子弹 2.更换击针或击锤簧
不退壳	1.子弹、枪机、机匣、弹膛及火药气体通路过脏，枪机后退不到定位 2.抓弹钩过脏或损坏	1.捅出膛内弹壳 2.擦拭过脏机件 3.更换抓弹钩
枪机未前进到定位	1.弹膛、机匣、枪机和复进机过脏或枪油凝结 2.子弹或弹匣口变形	1.推枪机到定位 2.擦拭过脏机件 3.更换子弹或弹匣
不抛壳	1.火药气体通路过脏 2.机件过脏，枪机后退不到定位	1.卸下弹匣，取出弹壳 2.擦拭过脏机件

第三节 简易射击学理

一、发射与后坐

(一)发射及其过程

火药气体压力将弹头从膛内推送出去的现象,叫发射。其过程是:射击时,在扣压扳机后,击针撞击子弹底火,使起爆药发火,火焰通过导火孔引燃发射药,产生大量的火药气体,在膛内形成很大压力(半自动步枪最大膛压为 2810 公斤/平方厘米),迫使弹头脱离弹壳,沿膛线旋转加速前进,直至推出枪口。

(二)后坐及其对命中的影响

1. 后坐及其形成

发射子弹时,武器向后运动的现象,叫后坐。

发射药燃烧时,产生的气体同时作用于各个方向,作用于膛壁周围的压力为膛壁所抵消,向前作用于弹头后部的压力推送弹头前进,向后作用于弹壳底部的压力经过枪机传给整个武器,使武器向后运动,形成后坐。武器的后坐和弹头的运动是同时开始的,随着弹头的加速运动,后坐逐渐增大,在弹头脱离枪口瞬间,大量的火药气体随弹头后部从膛内向外喷出,形成最大的反作用力,此时,后坐力也最大。

2. 后坐对命中的影响

后坐对单发(连发的首发)射击的命中精度影响极小。因为弹头在膛内的运动时间极短(约为千分之一秒),并且枪比弹头重得多(冲锋枪、半自动步枪是子弹重量的 400 倍以上),所以弹头在脱离枪口以前,枪的后坐距离只有 1 毫米多,而且是正直向后运动的,加之衣服和肌肉的缓冲,射手是感觉不出来的。射手感觉到的后坐是在弹头脱离枪口的瞬间,由于火药的气体猛烈向枪口外喷出,此时,反作用力最大,使后坐力突然增大,但此时弹头已脱离枪口。因此,后坐对单发(连发的首发)射击的命中影响极小。

后坐对连发射击的命中有一定的影响。因为连发射击时，第一发子弹发射后，由于枪的明显后坐变动了原来的瞄准线，所以对第二发以后的射弹命中有一定的影响。但只要射手掌握正确的据枪要领，适应连发武器射击时前后运动的规律，就能减少后坐对连发命中的影响，提高射击精度。

（三）枪管的堪抗力和寿命

1.枪管的堪抗力

膛壁承受枪膛内一定的火药气体压力而不变形的能力，称为枪管的堪抗力。枪管的堪抗力取决于膛壁厚度和枪管所用材料的质量。在发射时，膛内很高的气体压力使膛壁产生扩张现象，为了保证枪管不致因扩张而变形（胀膛和炸膛），枪管必须具有一定的备用堪抗力。枪管堪抗力为最大膛压的1.5—2倍。例如，半自动枪的最大膛压约为2810公斤/平方厘米，而枪管的最大堪抗力为5500公斤/平方厘米，约为最大膛压的1.9倍，其备用堪抗力为2690公斤/平方厘米。

射击时，枪管内如塞有杂物（布条、沙子、泥土、弹头等），就会影响弹头的运动速度，使膛压超过堪抗力，枪管就会出现胀膛或炸膛现象。所以，武器应很好地保养和检查，绝对禁止使用胀膛后的枪支射击。

2.枪管的寿命

枪管能正常发射一定数量子弹的能力，称为枪管的寿命。超过此数量，枪膛就会磨大，初速减小，弹头飞行不稳定，使射弹散布显著增大。各种枪的枪管寿命约为：56式半自动步枪6000发，56式冲锋枪1.5万发。

为了延长枪管的寿命，在使用时，必须适时和正确地擦拭武器。

二、射击的有关概念

（一）弹道

1.弹道及其形成

弹头运动过程中，其重心经过的轨迹，叫弹道。

弹头脱离枪口后，在空气中飞行时，同时受到地心引力和空气阻力的作用。地心引力的作用，使弹头逐渐下降；空气阻力的作用，使弹头向前飞行的速度越来越慢。因此，形成了一条不均等的弧线。升弧较长较直，降弧较短较弯曲。

2.弹道基本要素（见图 2-4）

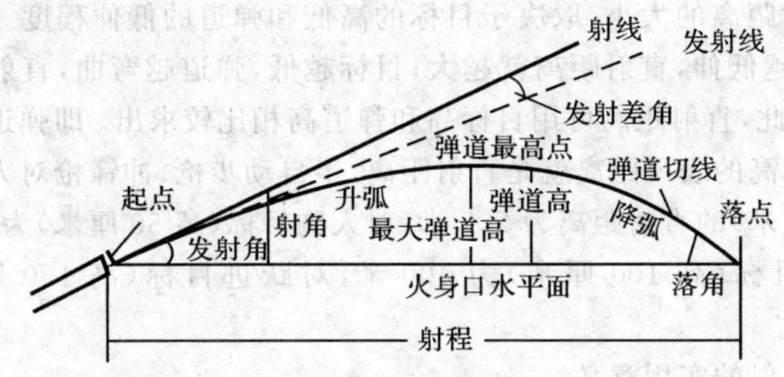

图 2-4 弹道要素

(1)起点：火身口中心点。

(2)火身口水平面：通过起点的水平面。

(3)射线：发射前火身轴线的延长线。

(4)射角：射线与火身口水平面所夹的角。

(5)发射线：发射瞬间火身轴线的延长线。

(6)发射角：发射线与火身口水平面所夹的角。

(7)发射差角：发射线与射线所夹的角。如发射线高于射线，发射差角为正；如低于射线，发射差角为负。

(8)升弧：由起点到弹道最高点的弹道。

(9)降弧：由弹道最高点到落点的弹道。

(10)弹道高：弹道上任何一点到火身口水平面的垂直距离。

(11)最大弹道高：弹道最高点到火身口水平面的垂直距离。

(12)落点：弹道降弧与火身口水平面的交点。

(13)落角：落点的弹道切线与火身口水平面的夹角。

(14)射程：起点到落点的水平距离。

(二)直射及其实用意义

1. 直射和直射距离

瞄准线上的弹道高在整个表尺距离上不超过目标高的射击,叫直射。这段表尺距离叫直射距离。

直射距离的大小,取决于目标的高低和弹道的低伸程度。目标越高,弹道越低伸,直射距离就越大;目标越低,弹道越弯曲,直射距离就越小。因此,直射距离可用目标高和弹道高相比较求出。即弹道高没有超过目标高的表尺距离就是直射距离。半自动步枪、冲锋枪对人头目标(高 30 厘米)的直射距离为 200 米,对人胸目标(高 50 厘米)为 300 米,对半身目标(高 100 厘米)为 400 米,对跃进目标(高 150 厘米)为 500 米。

2. 直射的实用意义

(1)对在直射距离内的目标射击时,瞄准目标下沿,不变更表尺分划即可进行连续射击,以增大战斗射速,提高射击效果。

(2)直射可以弥补测量距离的误差对命中造成的影响。

(3)指挥员运用直射的原理,组织侧射、斜射、短兵射击和夜间标定射击,均能获得良好的射击效果。

(4)反坦克火器在直射距离内对敌装甲目标射击,效果更好。

(三)危险界、遮蔽角和死角及其实用意义

1. 危险界

危险界分为表尺危险界和实地危险界。瞄准线上的弹道高没有超过目标高的部分,称为表尺危险界。在实际地形上弹道高没有超过目标高的一段距离,称为实地危险界。决定实地危险界大小的条件:

(1)弹道低伸程度。用同一武器对同一地形上的同一目标射击时,弹道越低伸,实地危险界越大,反之则越小(见图 2-5)。

(2)目标高低。用同一武器对同一地形上的不同目标射击时,目标越高,实地危险界越大,反之则越小。

(3)目标所在位置的地貌。用同一武器对同一种目标射击时,目标所在位置的地貌与弹道形状越一致,实地危险界越大,反之则越小。

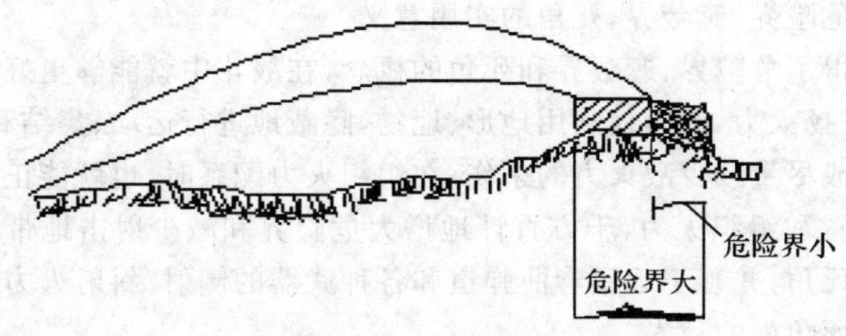

图 2-5　弹道形状与实地危险界的关系

2. 遮蔽界和死角

从弹头不能射穿的遮蔽物顶端到弹着点的一段距离，叫遮蔽界。目标在遮蔽界内不致被杀伤的一段距高，叫死角。遮蔽界内包括死角和危险界(见图 2-6)。

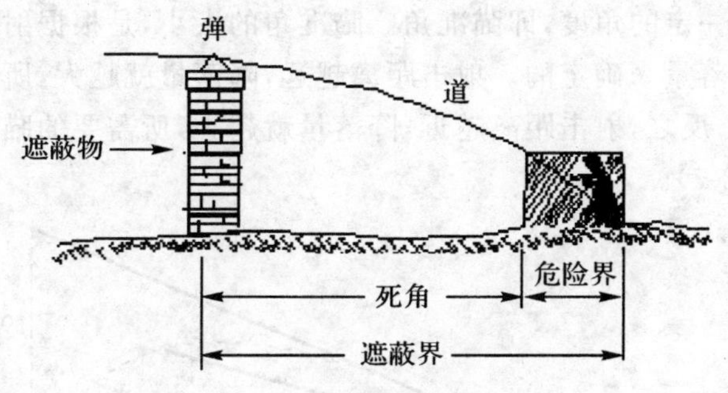

图 2-6　遮蔽界和死角

遮蔽界和死角的大小是由遮蔽物的高低和落角的大小来决定的。死角的大小还取决于目标的高低。

(1)同一弹道，同一目标，遮蔽物越高，遮蔽界和死角就越大，反之则越小。

(2)同一遮蔽物，同一弹道，目标越高，死角越小，反之则越大。

(3)同一遮蔽物，同一目标，落角越小，遮蔽界和死角就越大，反之则越小。

3. 危险界、遮蔽界、死角的实用意义

懂得了危险界、遮蔽界和死角的概念，在战斗中就能够更好地隐蔽身体，发扬火力，灵活地利用地形、地物，隐蔽地进行运动、集结和转移，以避开或尽量减少敌火力的杀伤。在组织火力配系时，也就能正确选择射击位置和组织火力，千方百计地增大危险界和减少射击地带内的遮蔽物和死角，并善于运用弯曲弹道和各种武器的侧射、斜射火力消灭遮蔽界和死角内的敌人。

三、选定表尺分划和瞄准点

（一）瞄准具的作用

由于地心引力和空气阻力的作用，如果用枪管瞄向目标射击，射弹就会打低打近。为了命中目标，必须将枪口抬高，使火身轴线与瞄准线之间形成一定的角度，即瞄准角。瞄准角的大小，是根据射弹在不同距离上的降落量来确定的。射击距离越远，降落量就越大，所需的瞄准角也就越大；反之，射击距离越近，降落量就越小，所需要的瞄准角也就越小（见图 2-7）。

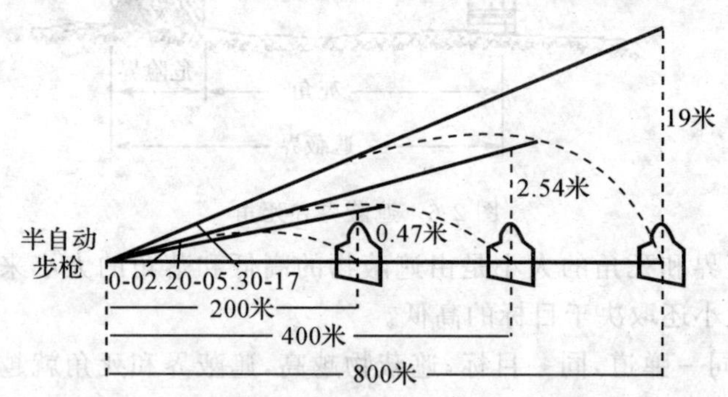

图 2-7　射击距离与瞄准角的关系

瞄准具就是根据上述原理设计而成的。由于缺口上沿到火身轴线的高度大于准星尖到火身轴线的高度，射击时是通过缺口上沿中央和准星间的平正关系来对目标进行瞄准的，因此，用瞄准具进行瞄准时，就抬高了枪口，使火身轴线与瞄准线之间构成了一定的瞄准角（见图2-8），表尺位置高，瞄准角就大，相应的射击距离就远。各种枪的表尺上都有不同的表尺分划，装定表尺分划，就是改变表尺的高低位置，实际上也就是装定瞄准角。

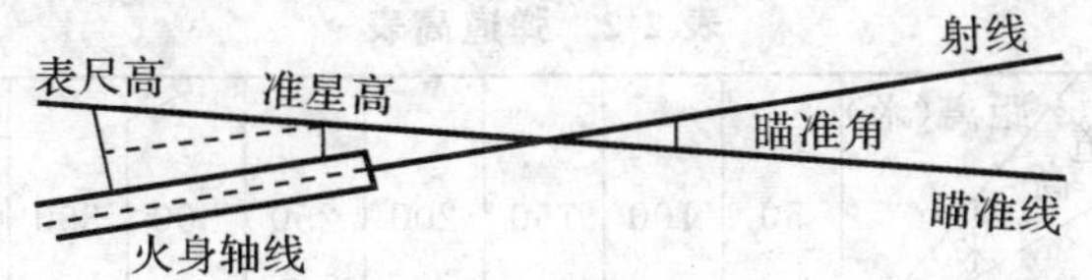

图 2-8　瞄准角的构成

由此可见，瞄准具的作用，就是对一定距离上的目标射击时赋予武器相应的瞄准角和射向。正确地选定表尺分划，对正确命中目标有着决定性的意义。

（二）瞄准要素（见图 2-9）

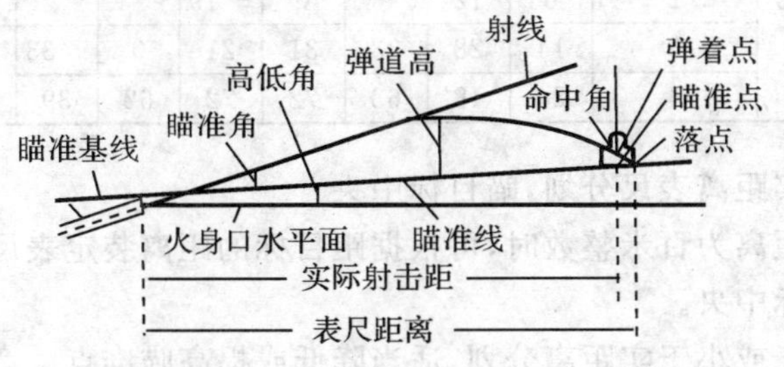

图 2-9　瞄准要素

（1）瞄准基线：缺口的上沿中央到准星尖的直线线段。

（2）瞄准线：视线通过缺口上沿中央和准星尖的延长线。

（3）瞄准点：瞄准线所指向的一点。

（4）瞄准角：射线与瞄准线的夹角。

（5）瞄准线上弹道高：弹道上任何一点到瞄准线的垂直距离。

（6）弹着点：弹道与目标表面或地面的交点。

（7）命中角：弹着点的弹道切线与目标表面或地面的夹角。

(三)选定表尺分划和瞄准点

为了使射弹准确地命中目标,射击时,射手应根据目标的距离、大小和武器的弹道高(见表 2-2),正确地选定标尺分划和瞄准点。其方法如下:

表 2-2 弹道高表

枪种	标尺 \ 弹道高(厘米) \ 距离(米)	50	100	150	200	250	300	350	400	450
半自动步枪,自动步枪	1	1	0	−7						
	2	6	11	9	0	−16				
	3	13	25	29	28	18	0	−29		
	4	21	42	55	62	61	51	31	0	−48
冲锋枪	1	1	0	−8						
	2	6	12	9	0	−19				
	3	14	28	33	31	21	0	−33		
	4	24	48	63	72	72	62	39	0	−52

1. 定实距离表尺分划,瞄目标中央

目标距离为百米整数时,可根据距目标的距离装定表尺分划,瞄准点选在目标中央。

2. 大于或小于实距离分划,适当降低或提高瞄准点

目标距离不是百米整数时,通常选定大于实距离表尺分划,根据武器在该距离上的弹道高,相应降低瞄准点射击;也可选定小于实距离的表尺分划,根据武器在该距离的弹道高,相应提高瞄准点射击。

3. 定常用表尺分划,小目标瞄下沿,大目标瞄中央

战斗中,对 300 米距离以内的目标射击时,通常定常用表尺(表尺"3")分划,小目标瞄下沿,大目标瞄中间射击,即可命中。

在战场上,目标出现突然,大小暴露不一,且距离随时变化,用此种方法,对 300 米内的目标不需要表尺分划即可实施射击,这样,可以争取时间,提高战斗射速,增大射击效果。因此,此种方法在实战中有着重

要的实用意义，是战斗中常用的一种方法。

(四)观察弹着和修正偏差

射击时，由于测距、瞄准的误差和外界条件等对射击的影响，以及射手操作不正确等原因，会使射弹产生偏差。因此，射手应注意观察弹着，及时修正偏差，以提高射击效果。

1. 观察弹着

观察弹着时，应根据射弹击起的尘土、水花的位置，曳光迹和目标状况的变化等情况，判断射弹是否命中目标及偏差量的大小。在特殊地形上，如对草地、湿地、硬土地上的目标射击时，弹着不易观察，可用曳光弹射击，以便观察弹着，确定其偏差量。

2. 修正偏差

发现偏差时，应认真分析，找出原因，及时地进行修正。如是武器、风向造成的偏差，偏差多少就修正多少。修正时，应以预期命中点为准，向偏差相反的方向修正。

(1)修正方向偏差

用改变瞄准点的方法进行修正。射弹偏左(右)，瞄准点向右(左)移动。

(2)修正高低偏差

用提高、降低瞄准点或增减表尺分划的方法来修正。射弹偏高(低)时，降低(提高)瞄准点或减(加)表尺分划。

四、外界条件对射击的影响及修正

(一)风对射弹的影响及修正

1. 风向和风力的判定

(1)风向的判定

按风吹的方向和射击的方向所形成的角度可分为横风、斜风和纵风。横风，即从左或右与射向成 90 度角吹的风。斜风，即与射向成锐角吹的风。射击时，通常按与射向约成 45 度角的风计算。纵风，即从后或从前与射向平行吹的风。顺射向吹的风为顺风，逆射向吹的风为逆风。

(2)风力的判定

风力按其大小可分为强风、和风和弱风。风力的大小，可以用测风仪等器材测出，也可以根据人的感觉和常见物体被风吹动的景况来判定(见表 2-3)。

表 2-3　风力(风速)判定表

<table>
<tr><th colspan="3">风　力</th><th rowspan="2">人的感觉</th><th colspan="5">常见物体现象</th></tr>
<tr><th>区分</th><th>级别</th><th>速度</th><th>草</th><th>树</th><th>旗帜</th><th>烟</th><th>海面、渔船</th></tr>
<tr><td>弱风</td><td>二级</td><td>2—3米/秒</td><td>面部和手稍感到有风</td><td>微动</td><td>灌木丛、细树枝、树叶微动,并沙沙作响</td><td>微动并稍离开旗杆</td><td>微被吹动</td><td>有小波，船身摇动，船帆基本正直</td></tr>
<tr><td>和风</td><td>三至四级</td><td>4—7米/秒</td><td>明显地感到有风,吹过耳边时呜呜响,面对风可睁开眼</td><td>被吹弯</td><td>灌木摆动,杈上的细枝被吹弯,树叶剧烈地摆动</td><td>展开飘动</td><td>被吹斜约成45度角</td><td>有轻浪,船身摇动明显,船帆倾向一侧</td></tr>
<tr><td>强风</td><td>五至六级</td><td>8—12米/秒</td><td>迎面站立或行走,明显地感到有阻力,尘土飞扬,面对风感到睁眼困难</td><td>倒在地面</td><td>树杆摆动,粗枝被吹弯</td><td>飘成水平状态，并哗哗作响</td><td>被吹成水平状态，并被吹散</td><td>有大浪,浪顶的白色泡沫很多,船身常被风吹离浪顶</td></tr>
</table>

2. 风对射弹的影响及修正

(1)横(斜)风对射弹的影响及修正

横(斜)风能对弹头的侧面施加压力,使射弹偏向一侧,产生方向偏差(斜风还能使射弹产生距离偏差,因偏差很小,故不予考虑)。风力越大,射程越远,射弹的偏差就越大。风从左吹来,射弹偏右;风从右吹来,射弹偏左。射击时,为了准确地命中目标,必须根据射弹受风影响的偏差量,将瞄准点向风吹来的方向修正。在计算修正量时,以横和风修正量(见表 2-4)为准,强风加 1 倍,弱风减一半,斜方向的强(和或弱)风,应按横方向的强(和或弱)风的修正量减一半。修正量从预期命中点算起。

表 2-4　横和风修正量表

修正量 / 区分 / 距离(米)	冲锋枪、半自动步枪、班用轻机枪		重机枪	
	米	人体	人体	横表尺
200	0.14	$\frac{1}{4}$	$\frac{1}{4}$	$\frac{1}{2}$
300	0.36	$\frac{1}{2}$	$\frac{1}{2}$	$\frac{2}{3}$
400	0.72	$1\frac{1}{2}$	1	1
500	1.2	$2\frac{1}{2}$	$1\frac{1}{2}$	$1\frac{2}{5}$
600	1.8	$3\frac{1}{2}$	2	$1\frac{4}{5}$

(2)纵风对射弹的影响及修正

纵风能影响射弹的飞行距离。顺风时,空气阻力减小,使射弹打远(高);逆风时,空气阻力增大,使射弹打近(低)。但风速小于 10 米/秒时,纵风对射弹影响很小,对 400 米内的目标射击不必修正。如对远距离目标射击时,可适当降低或提高瞄准点。

(二)阳光对瞄准的影响及克服方法

1.阳光对瞄准的影响

在阳光下瞄准时,由于阳光的照射作用,缺口部分产生虚光,形成三层缺口:虚光部分、真实缺口、黑实部分,如图 2-10 所示。如不注意辨清缺口的真实位置,就容易产生误差,使射弹产生偏差。

若用虚光当真实缺口去实施瞄准,射弹就偏向阳光照来的方向(见图 2-11);若用黑实部分当真实缺口去实施瞄准,射弹就偏向阳光照来的相反方向(见图 2-12)。

2.克服方法

为了减少阳光对瞄准的影响,射手应在不同方向的阳光照射下练习瞄准。可采用不遮光瞄准、遮光检查的方法,反复练习,使射手能辨清在阳光照射下,真实缺口的位置和正确瞄准的景况;平正准星要仔细,

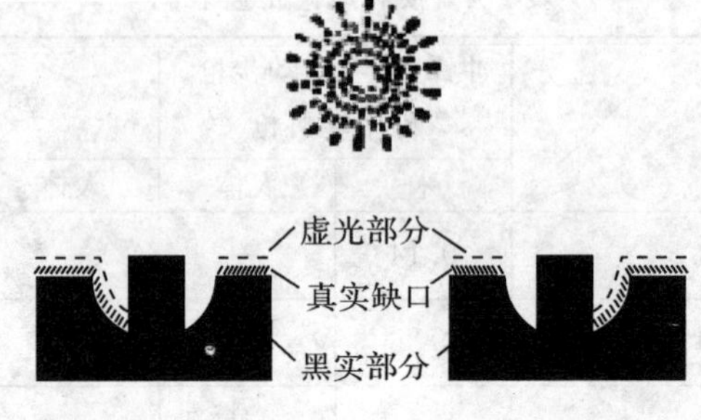

图 2-10　缺口部分产生虚光形成三层缺口

图 2-11　用虚光上沿瞄准时的影响　　　　图 2-12　用黑实部分瞄准的影响

但在阳光下瞄准时间不宜过长，以免眼花而产生偏差；平时应注意保护好瞄准具，不使其磨亮而产生反光。

（三）气温对射弹的影响及修正方法

1. 气温对射弹的影响

气温变化时，空气密度也会随之改变，因而影响射弹的飞行速度，使弹道形状发生变化。气温升高时，空气密度减小，对射弹飞行的阻力也相应减小，射弹就打得高（远）；气温降低时，空气密度增大，射弹在飞行时所受的阻力也相应增大，射弹就打得近（低）。

2. 修正方法

由于各地区和各季节的气温不同，很难与标准气温（＋15℃）条件相符。因此，应在当时当地的气温条件下矫正武器的射效，并以射效矫正时的气温条件为准。射击时，若气温差别不大，在400米以内，对射弹的影响极小，不必修正。若气温差别很大或射距较远时，应适当提高或降低瞄准点(见表 2-5)。气温降低时,提高瞄准点或增加表尺分划;气温升高时,降低瞄准点或减小表尺分划。

表 2-5　气温修正量表

每差10℃区分修正量(米)　区分 距离(米)	冲锋枪、半自动步枪、班用轻机枪		重机枪	
	距离	高低	距离	高低
200	4	0.01	4	0.01
300	7	0.03	6	0.02
400	10	0.07	8	0.04
500	13	0.14	10	0.07
600	16	0.26	13	0.12

第四节　射击动作

一、验枪

验枪是一项保证安全的重要措施。在使用武器前后及必要时,均应进行验枪,认真检查弹膛、弹匣和教练弹中有无实弹。验枪时,严禁枪口对人。

口令:验枪。

验枪完毕。

1.半自动步枪

动作要领:听到"验枪"口令后,右手将枪提起,以右脚掌为轴,身体半面向右转,左脚顺势向前迈出一步(两脚约与肩同宽),同时右手将枪向前送出;左手接握下护木,左大臂紧靠左肋,枪托贴于胯骨,枪刺尖略与眼同高;右手打开弹仓盖,移握机柄。指挥员检查时,拉枪机向后,验过后,自行送回枪机,关上弹仓盖,打开保险,扣扳机,关保险,移握枪颈。

听到"验枪完毕"口令后,右手移握上护木,身体半面向左转,在右脚靠拢左脚的同时,恢复持枪姿势。

2.冲锋枪

动作要领:听到“验枪”口令后,以右脚掌为轴,身体半面向右转,左脚顺势向前迈出一步(两脚约与肩同宽),同时右手移握上护木,将枪向前送出(背带从肩上脱下);左手接握下护木,左大臂紧靠左肋,枪托贴于右胯,准星约与肩同高,打开保险,卸下弹匣,弹匣口朝后交给左手握于护木右侧,右手移握机柄。指挥员检查时,拉枪机向后,验过后,自行送回枪机,装上弹匣,扣扳机,关保险,移握枪颈。

听到“验枪完毕”口令后,左手反握上护木,将枪倒置于胸前,右手挑起背带,身体半面向左转,在右脚靠拢左脚的同时,两手协力将枪送上右肩,恢复肩枪姿势。

二、射击准备

(一)半自动步枪

1.卧姿装退子弹及定复表尺

口令:卧姿——装子弹。

退子弹——起立。

动作要领:听到“卧姿——装子弹”口令后,右手将枪提起稍向前倾,左脚向右脚尖前迈出一大步(也可右脚顺脚尖方向迈出一大步),左手在左(右)脚尖前支地,顺势卧倒,以身体左侧、左肘支撑全身,右手将枪向目标方向送出,左手接握表尺下方,枪托着地,右手拉枪机到定位。解开弹袋扣,取出一夹子弹,插入弹夹槽,以食指或拇指将子弹压入弹仓(单发装填时,不应将第一发子弹压在右侧),取出弹夹,送弹上膛,将弹夹装入弹袋并扣好。以右手拇指和食指捏压游标卡笋,移动游标,使游标前切面对正所需的表尺分划。然后,右手移握枪颈,全身伏地,两脚分开约与肩同宽,身体与射向约成30度,枪刺离地,目视前方,准备射击。

听到“退子弹——起立”口令后,稍向左侧身,右手解开弹袋扣,打开弹仓盖,接住落下的子弹,装入弹袋,拇指拉机柄向后,余指接住从膛内退出的子弹,送回枪机,将子弹装入弹袋并扣好,关上弹仓盖,打开保险,扣扳机,关保险,复表尺,移握上护木,将枪收回,同时左小臂向里合，屈左腿于右腿下。以左手和两脚撑起身体，右脚向前一大步，左脚再向前一步，在右脚靠拢左脚的同时，恢复持枪姿势。

2. 跪姿装退子弹及定复表尺

口令：跪姿——装子弹。

　　退子弹——起立。

动作要领：听到“跪姿——装子弹”口令后，右手将枪提起，左脚向右脚前方迈出一步，右手将枪向目标方向送出，左手接握表尺下方，同时右膝向右跪下，臀部坐在右脚跟上，左小腿略垂直，两腿约成 90 度角，左小臂放在左大腿上。枪刺尖约与眼同高，然后，按要领装子弹，定表尺，右手移握枪颈，目视前方，准备射击。

听到“退子弹——起立”口令后，按要领退出子弹，打开保险，扣扳机，关保险，复表尺，右手移握上护木，左脚尖向外打开同时起立，在右脚靠拢左脚的同时，恢复持枪姿势。

3. 立姿装退子弹及定复表尺

口令：立姿——装子弹。

　　退子弹。

动作要领：听到“立姿——装子弹”口令后，右手将枪提起，以右脚掌为轴，身体大半面向右转，左脚顺势向前迈出一步（两脚与肩同宽，呈外八字），体重落在两脚上，右手将枪向目标方向送出，左手接握表尺下方，左大臂紧靠左肋，枪托贴于胯骨，枪刺尖约与眼同高。然后，按要领装子弹，定表尺，左手移握枪颈，目视前方，准备射击。

听到“退子弹”口令后，按要领退出子弹，打开保险，扣扳机，关保险，复表尺，右手移握上护木，身体大半向左转，在右脚靠拢左脚的同时，恢复持枪姿势。

（二）冲锋枪

1. 向弹匣内装子弹

左手握弹匣，使弹匣口朝上，挂耳向左前，右手将子弹放入弹匣口，两手协力将子弹压入弹匣内。

2.卧姿装退子弹及定复表尺

口令:卧姿——装子弹。

退子弹——起立。

动作要领:听到"卧姿——装子弹"口令后,右手移握上护木,使枪口向前(背带从肩上脱下),左脚向右脚尖前迈出一大步(也可右脚顺脚尖方向迈出一步),左手在左(右)脚尖前支地,顺势卧倒,以身体左侧、左肘支持全身,右手将枪向目标方向送出,左手接握下护木,枪面稍向左,枪托着地,右手打开枪刺,卸下空弹匣(弹匣口朝后)交给左手握于护木右侧,解开弹袋扣,换上实弹匣,将空弹匣装入弹袋内并扣好,打开保险,拉枪机送子弹上膛,关上保险。右手拇指和食指捏压游标卡笋,移动游标,游标前切面对正所需的表尺分划。然后,右手移握握把,全身伏地,枪面向上,弹匣、枪托着地,两脚分开约与肩同宽,身体右侧与枪略成一线,目视前方,准备射击。

听到"退子弹——起立"口令后,稍向左侧身,右手卸下实弹匣交给左手,打开保险,拇指慢拉枪机向后,余指接住从膛内退出的子弹,送回枪机,将子弹压入弹匣内,解开弹袋扣,换上空弹匣,把实弹匣装入弹袋内并扣好,扣扳机,关保险,复表尺,折回枪刺,移握上护木,将枪收回,同时左小臂向里合,屈左腿于右腿下。以左手和两脚撑起身体,右脚向前一大步,左脚再向前一步,左手反握护木,将枪倒置于胸前,右手挑起背带,在右脚靠拢左脚的同时,两手协力将枪送上右肩,恢复肩枪姿势。

3.跪姿装退子弹及定复表尺

口令:跪姿——装子弹。

退子弹——起立。

动作要领:听到"跪姿——装子弹"口令后,右手移握上护木,使枪口向前(背带从肩上脱下),左脚向右脚前方迈出一步,右手将枪向目标方向送出,左手接握下护木,同时右膝向右跪下,臀部坐在右脚跟上,左小腿略垂直,两腿约成 90 度角,左小臂放在左大腿上,枪面稍向左,准星约与肩同高。然后,按要领打开枪刺,换上实弹匣,打开保险,送子弹上膛,关保险,定表尺,右手移握握把,目视前方,准备射击。

听到"退子弹——起立"口令后，按要领卸下实弹匣，打开保险，退出膛内子弹，换上空弹匣，扣扳机，关保险，复表尺，右手折回枪刺，移握上护木，左脚尖向外打开同时起立，左手反握上护木，将枪倒置于胸前，右手挑起背带，右脚靠拢左脚的同时，两手协力将枪送上右肩，恢复肩枪姿势。

4.立姿装退子弹及定复表尺

口令：立姿——装子弹。

退子弹。

动作要领：听到"立姿——装子弹"口令后，右手移握上护木，以右脚掌为轴，身体大半面向右转，左脚顺势向前迈出一步（两脚与肩同宽，呈外八字），体重落在两脚上，右手将枪向目标方向送出（背带从肩上脱下），左手接握下护木，左大臂紧靠左肋，枪托贴于胯骨，准星略与肩同高。然后，按要领打开枪刺，换上实弹匣，打开保险，送子弹上膛，关保险，定表尺，右手移握握把，目视前方，准备射击。

听到"退子弹"口令后，按要领卸下实弹匣，打开保险，退出膛内子弹，换上空弹匣，扣扳机，关保险，复表尺，右手折回枪刺，移握上护木，身体大半面向左转，左手反握上护木，将枪倒置于胸前，右手挑起背带，在右脚靠拢左脚的同时，两手协力将枪送上右肩，恢复肩枪姿势。

三、据枪、瞄准、击发

据枪、瞄准、击发是互相联系和互相影响的动作。稳固持久的据枪，正确一致的瞄准，均匀正直的击发，三者正确的结合，是精确射击的关键。因此，必须刻苦练习，熟练掌握。

（一）据枪

为了获得更好的射击效果，应力求充分利用地物，实施有依托射击。条件许可时，应构筑依托物。依托物的高度应依射手的身体而定，一般为25—30厘米，依托物内侧应陡些。在紧急情况下，应善于利用不同高度的自然依托物实施射击。

1.半自动步枪有依托据枪

卧姿据枪时,下护木放在依托物上,左手托握表尺下方,手背紧靠依托物,也可将手背垫在依托物上,左肘向里合。右手握枪颈,食指第一节靠在扳机上,大臂略成垂直。两手协同将枪托确实抵于肩窝,头稍前倾,自然贴腮。

掩体内跪姿据枪时,通常跪左膝,身体的左侧紧靠掩体前崖,右小腿垂直或右脚向右后方蹬,两肘抵在臂座上。

掩体内立姿据枪时,左腿微屈,上体左侧紧靠掩体前崖,右脚向后蹬,两肘抵在臂座上。

2.冲锋枪有依托据枪

卧姿有依托据枪时,将枪刺座后端至下护木前端的枪管部分放在依托物上,并与依托物结合紧密。身体的右侧与枪身约成一线。两手合力将枪托的前踵部分确实抵于肩窝。右手腕尽量内合下塌,虎口向前,对正握把后棱,用小鱼际、大鱼际内侧与三指(中指、无名指、小指)的第三节合力紧握握把,食指的第一节靠在扳机上,手心与握把的右侧留有不大的空隙,右大臂略成垂直,右肘着地,肘皮控制在内前侧。左肘稍向前伸外张,肘皮控制在外侧,手掌平压弹匣上端,正直向右肩窝方向用力,拇指竖起,余指自然贴于弹匣右侧(左手也可以用拇指和食指、中指、无名指的合力握于弹匣下端)。身体稍向前跟,抬头、挺胸,按腹、胸、肩的顺序垂直下塌,左肩向后向下,头稍抬起,正直向下,自然贴腮。

掩体内跪姿据枪时,通常跪左膝,右膝靠掩体前崖或右脚向后蹬,也可跪双膝,上体紧靠掩体前崖,两肘抵在臂座上。

掩体内立姿据枪时,上体左前侧紧靠掩体前崖,左腿微屈,右脚向后蹬,两肘抵在臂座上。

(二)瞄准

1.瞄准的概念

在水平面内和垂直面内赋予火身轴线一定的位置,使弹道通过目标,这种动作称为瞄准。在水平面内,赋予火身轴线以所需位置的动作,称为方向瞄准。在垂直面内,赋予火身轴线以所需位置的动作,称为高低瞄准。

2. 正确瞄准

右眼透视缺口和准星，使准星尖位于缺口中央并与上沿平齐，指向瞄准点，就是正确瞄准。正确瞄准的景况，应是准星和缺口的平正关系看得清楚，而目标看得较模糊。

3. 瞄准的方法

据枪后，应首先使瞄准线自然指向目标。若未指向目标，不可迁就而强扭枪身，必须调整姿势。需要修正方向时，可左右移动身体或两肘。需要修正高低时，可调整依托物，前后移动整个身体或两肘里合、外张（连发射击时，右肘不宜外张），也可适当移动左手的托枪位置。

瞄准时，应集中主要精力于准星与缺口的平正关系上。如果集中主要精力于准星与目标的关系上，就会忽略准星与缺口的平正关系，使射弹产生偏差。

4. 瞄准误差对命中的影响

(1)准星与缺口关系不正确对命中的影响

瞄准时，若准星与缺口的关系不正确，对命中的影响很大。准星偏右，弹着偏右；准星偏左，弹着偏左；准星偏高，弹着偏上；准星偏低，弹着偏下。如准星在缺口内偏差1毫米，在100米距离上弹着的实际偏差量：半自动步枪为21厘米，冲锋枪为26厘米。距离增加几倍，偏差量就增加几倍。

(2)瞄准线指向的误差对命中的影响

瞄准时，平正准星和缺口是正确的，而瞄准线指向偏差时，则射弹也会产生偏差。瞄准线指向偏向什么方向，射弹就偏向什么方向。瞄准线指向偏差多少，射弹就偏差多少。如瞄准线指向偏左10厘米，射弹就偏左10厘米。

(3)枪面倾斜对命中的影响

瞄准时，枪面倾斜也会使射弹发生偏差。因为枪面倾斜，使火身轴线的延长线偏向一边及其下方。所以枪面偏左，射弹偏左下；枪面偏右，射弹偏右下。

5. 检查瞄准的方法

(1)个人检查

瞄准时,射手可将头稍上下移动,检查准星尖是否在缺口中央,再将头稍左右移动,检查准星尖是否与缺口上沿平齐。也可以用平正准星检查器或白纸遮挡的方法,检查准星与缺口是否平正。

(2)固定枪检查

将枪放在依托物上,瞄准后不动枪,互相检查瞄准的正确程度。

(3)四点瞄准检查

将枪放在依托物上,在枪前15米处设固定白纸靶。示靶手将检查靶固定在白纸上,由教练员或优秀射手向检查靶瞄准。瞄好后,将枪固定好,示靶手通过检查靶中央的圆孔,点上标记作为基准点。然后,移动检查靶,由射手不动枪瞄准,指挥示靶手移动检查靶。连续瞄三次,每次点上标记。三次的瞄准标记点与基准点能套在直径10毫米的圆孔内为及格;能套在5毫米的圆孔内为良好;能套在3毫米的圆孔内为优秀。

(4)用瞄准检查镜检查

将检查镜固定在机匣上,检查者位于射手的左侧进行检查。

(三)击发

击发时,用右手食指第一节均匀正直地向后扣压扳机(食指内侧与枪应有不大的空隙),余指力量不变。当瞄准线接近瞄准点,开始预压扳机,并减缓呼吸。当瞄准线指向瞄准点时,应停止呼吸,继续增加对扳机的压力,直至击发,击发瞬间应保持正确一致的瞄准。若瞄准线偏离瞄准点或不能继续停止呼吸时,应既不增加也不放松对扳机的压力,待修正或换气后,再继续扣压扳机。

连发武器操纵点射时,应稳扣快松,扣到底松开为2—3发。在击发时,要做到姿势、用力、瞄准三不变,以提高连发射击命中精度。

(四)有依托据枪、瞄准、击发的常见问题及纠正方法

1. 抵肩位置不正确

射击时,射手若不能正确地抵肩,会使射弹产生偏差。在通常情况下,抵肩过低易打低,抵肩过高易打高。纠正时,射手要反复体会正确的

抵肩位置，并通过他人摸、推的方法检查抵肩位置是否正确。

2.两手用力不当

射击时，射手为了使射弹正确地命中目标，往往以强力控制枪的晃动，造成肌肉紧张，用力方向不正，姿势不稳，使枪产生角度摆动，增大射弹散布。纠正时，应强调据枪时正直向后适当用力，使用力方向和后坐力方向一致。连发射击时，应保持姿势稳固，操枪力量不变。练习时，可通过据枪后由协助者向后推枪、拉枪机或射手向后引枪等方法，检查用力方向是否正确，发生偏差，及时纠正。

3.停止呼吸过早

射击时，停止呼吸过早易造成憋气，使肌肉颤动、据枪不稳或猛扣扳机，破坏正确一致的瞄准，使射弹产生偏差。纠正时，应使射手反复体会在瞄准线指向瞄准点或在瞄准点附近轻微晃动时，自然停止呼吸的要领。

4.耸肩、眨眼和猛扣扳机

射击时，由于射手过多考虑射击成绩和枪响时机，造成心情紧张，容易产生耸肩、眨眼和猛扣扳机等错误动作，影响射弹命中。纠正时，提醒射手不要过多考虑射击成绩和枪响，应强调按要领据枪，做到有知有觉地扣、不知不觉地响，达到自然击发。

5.枪面倾斜

瞄准时，如枪面偏右，射弹偏右下；枪面偏左，射弹偏左下。纠正时，强调射手据枪应保持枪面平正。

第五节　实弹射击

一、实弹射击条件（见表2-6）

二、实弹射击的有关规定

实弹射击的有关规定如下：

(1)实弹射击时，射手必须使用手中武器，如不能使用手中武器射击，须经营首长批准（学生军训使用矫正合格的武器射击）。

表 2-6　半自动步枪、冲锋枪、班用轻机枪实弹射击条件

名称	第　一　练　习		
枪种	半自动步枪	冲锋枪	班用轻机枪
目的	锻炼射手对不动目标准确射击的技能		
目标	胸环靶		
距离	100 米		
姿势	卧姿有依托		卧姿
使用弹数	5 发	10 发(不超过 5 次点射)	
成绩评定	优等:命中 45 环以上 良好:命中 40 环以上 及格:命中 30 环以上	优等:命中 50 环以上 良好:命中 45 环以上 及格:命中 35 环以上	
实施方法	1. 表尺、瞄准点自选。自下达装子弹的口令起,10 分钟内射击完毕 2. 每发射一次后报靶,并指示弹着点		

(2)自动武器规定实施点射时,每出现一次单发,自算一次点射;每超过一次点射,降低成绩一等。

(3)射击中产生故障,如属射手操作原因,应自行排除,继续射击。如因武器、子弹不良产生故障,可重新射击。

(4)射手打错靶算脱靶。被打错者,如当时能判明打错的弹着,即扣除;如当时不能判明,应扣除环数最少的弹着。

(5)对环靶射击时,命中环线算内环。跳弹命中靶子不算成绩。

(6)不及格者可补射一次。补射成绩不算单位成绩。

(7)单位实弹射击成绩评定。

优等:及格率 90%以上,其中优良率 40%以上。

良好:及格率 80%以上,其中优良率 40%以上。

及格:及格率 70%以上。

分队干部的实弹射击成绩,统计在分队的成绩内。勤杂人员的实弹射击成绩,不统计在分队的成绩内。

三、射击场的安全措施

射击场的安全措施如下:

(1)射击场必须有可靠的靶挡和确保安全的靶壕或掩蔽部,并应避

开高压线或其他重要设施。

(2)射击前,必须仔细搜索靶场警戒区,派出警戒,设置警戒旗。

(3)射击前,应向全体人员明确规定开始射击、停止射击、报靶和射击终止等信号。

(4)射击场应标示出发地线和射击地线,无关人员不得越过出发地线。

(5)发出准备射击信号后,示靶人员应迅速隐蔽,竖起红旗,未经射击场指挥员许可不得外出。射击场指挥员未接到靶壕内发出可以射击的信号,不得下令射击。靶壕内如发生特殊情况,需立即停止射击时,应出示白旗或用其他规定的方法向射击场指挥员报告。射手看到白旗或听到停止射击的口令,应立即停止射击。

(6)实弹射击时,射界不得超过安全射界。

(7)射击前后必须验枪。无论枪内有无子弹,射手都不得将枪口对人。严禁将装有实弹的武器随意放置或交给他人。不准将实弹和教练弹混放在一起。没有指挥员口令,射手不准装子弹。报靶时,严禁在射击地线摆弄武器或向靶区瞄准。

四、射击场的组织和主要人员职责

射击场的组织和主要人员职责如下:

(1)射击场指挥员负责设置场地,派遣勤务,组织指挥射击,监督全体人员遵守射击场的各项规定和安全规则,处理有关问题。

(2)地段指挥员在射击场指挥员的领导下,负责本地段的射击指挥。

(3)警戒人员负责全场的警戒任务,严禁任何人员和牲畜进入警戒区。发现险情,应立即发出信号并向射击场指挥员报告。

(4)信号(观察)员根据射击场指挥员的指示发出各种信号,负责警戒区内的观察,发现险情立即报告。

(5)示靶员负责设靶、示靶和报靶等工作。

(6)发弹员根据指挥员指示,按规定弹种、弹数发给射手子弹,收回剩余子弹。射击终止后，负责清查弹药。

此外，还应有记录员、医务人员等。

五、报环靶的方法

用报靶杆报靶。报靶杆圆头部分(直径10厘米，一面红一面白)放在靶板(靶子)的不同位置表示环数：左下角为1环；正下方为2环；右下角为3环；左中间为4环；右中间为5环；左上角为6环；正上方为7环；右上角为8环；在靶板(靶子)中央上下移动为9环；在靶板(靶子)中央左右摆动为10环；围绕靶子划圆圈为脱靶。

为了报出弹着点的偏差，报出环数后，应将报靶杆圆头部分放在靶子中央，再慢慢向偏差方向移出靶板。

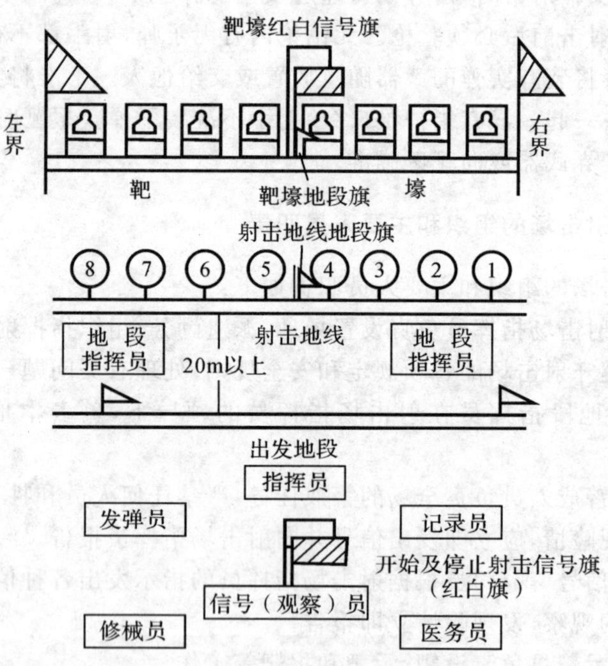

图2-13 基本射击场设置示意图

第三章 战 术

战术，是指导和进行战斗的方法。主要包括：基本原则以及战斗部署、协同动作、战斗指挥、战斗行动、战斗保障、后勤保障和技术保障。按基本战斗类型分为进攻战术和防御战术，按参加战斗的军种、兵种分为军种战术、兵种战术和合同战术，按战斗规模分为兵团战术、部队战术和分队战术。战术反映战斗的规律，是军事学术的组成部分，既从属于战略、战役，又对战略、战役的发展产生一定影响。本章主要介绍战术的基本原则、战斗的基本类型和单兵战术动作。

第一节 战术的基本原则

战术是准备与实施战斗的理论和实践。在理论上，战术研究战斗的规律、特点和内容，研究部队的战斗素质和战斗能力。在实践上，战术是指挥员、司令部和军队准备与实践战斗的活动。战术包括经常了解情况，定下决心和向部属下达任务；计划和准备战斗；实施战斗行动；指挥部队和分队；保障战斗行动。除各兵种和专业兵战术外，还有合同战术，主要研究诸兵种合同战斗的规律。

战术的形成和发展，受军事技术、士兵成分、组织编制、训练水平、民族特点、地理条件等影响，其中军事技术和士兵素质具有决定作用。根据时机、地点、部队等情况，灵活地运用和变换战术，对夺取战斗胜利有着重要意义。[①]

---

① 参见《新编中国大百科全书》军事体育卷。

战术原则，是从军事活动的规律中抽象出来的指导战斗的准则。运用原则就是遵循客观规律能动地进行战斗。不同类型的战斗有不同的战术原则，要根据实际情况，灵活地、创造性地运用。中国人民解放军在长期的革命战争中，吸取古今中外战术史上有益的内容，总结自己特有的作战经验，形成了一套战术原则，比较全面地反映了劣势装备军队战胜优势装备敌人的战斗指导规律。

一、熟知敌我双方情况，主观指导符合客观实际

实战一再证明，不知彼不知己，每战必败；只知彼不知己，或只知己不知彼，胜败各半；知彼知己，方能百战不殆。知彼知己，是正确指导战斗的基础。要使主观指导符合客观实际，就必须熟知敌我双方各方面的情况，找出其行动的规律，并应用这些规律指导自己的行动。

战斗前，首先要组织周密的侦察，使用一切可能和必要的侦察手段，确保侦察情况的可靠性和时效性。并对得来的各种情况进行实事求是的分析研究，正确判断敌方企图、兵力部署、行动方法以及可能使用的新式武器装备等，然后结合己方的情况和战斗环境，研究双方力量对比和相互关系，权衡利弊，正确定下决心，作出计划。战斗中，要随时掌握敌我双方情况的变化，构成新的判断，定下新的决心，及时修改原定计划，使战斗行动始终建立在符合客观实际的基础上。

二、积极消灭敌人，严密组织防护

尽可能地保存自己的力量，消灭敌人的力量，既是战斗的目的，也是战斗的基本原则，并且是一切军事原则的依据。一切战斗行动，都是为保存自己、消灭敌人而进行的。不消灭敌人就不能最终保存自己，保存自己最有效的手段就是消灭敌人。因此，消灭敌人是主要的，保存自己是第二位的。消灭敌人，重点是打坦克、打飞机和打空降。战斗中，要不怕困难，不怕牺牲，勇敢战斗，同时又要熟练使用战术技术兵器和器材，灵活运用新的战法，积极打击敌人，力求以最小的代价取得尽可能大的胜利。保存自己，要严密组织对核、化学、生物武器和常规火力袭击

的防护，建立观察报知勤务，积极摧毁敌人的武器装备。利用地形，构筑工事，疏散队形，严密伪装，开展电子对抗，消除敌人袭击后果，尽量减少己方的损害，以保持部队的持续战斗能力。

三、集中优势力量，各个歼灭敌人

集中优势力量，各个歼灭敌人，是以劣势装备战胜优势装备敌人的主要方法。进攻时，强调在确定的时间地点，迅速、隐蔽地集中优势兵力火力和技术器材，采取多路开进，隐蔽接敌，选敌弱点和要害部位，突然、猛烈地攻击。突破后，猛攻快插，割裂敌人战斗部署，歼其一部，再及其余。当集中已无必要时，应立即疏散和转移。防御时，要集中力量于主要方向上，扼守要点，适时机动兵力火力，快速布设各种障碍，各个击破敌人。

四、建立有重点的疏散、纵深、立体部署，掌握强有力的预备队

无论进攻或防御，战斗部署都要形成重点，切忌平分力量。兵力兵器部署一般采取疏散、纵深配置，并把主要兵力兵器配置在主要方向上。做到既能适时集中，又能减少损失；既有独立战斗能力，又能密切协同、相互支援；既能对付敌人的地面攻击，又能对付敌人的空中和海上攻击。进攻时能保证连续突击，防御时能抗击敌人全纵深的立体进攻。现代战争，情况变化急剧，战机稍纵即逝，预备队的作用大为提高，各级都要掌握强有力的预备队，使自己经常保持有新锐的力量，以适应战场情况急剧变化和连续作战的需要。预备队应疏散配置在便于机动和能适时投入战斗的位置，使用在具有决定意义的时机和方向上。现有预备队一经使用，应该立即重建新的预备队。

五、密切协同，主动配合

现代战争，常常是诸军种、兵种以各种性能不同的武器装备合成整体力量出现于战场。一个兵种（或部队）的战斗力可以加强另一兵种（或部队）的战斗力，从而使战斗力成倍地增长。因此，参战的各军种、兵种

要在统一的意图和计划下，按照目的（目标）、时间、地点（空域、海域）协调一致地行动，形成凝聚力，发挥整体威力，战胜对方。

组织协同动作的原则是：海、空军协同陆军作战时，以陆军为主；陆军各兵种的协同，以步兵或装甲兵（坦克兵）为主；各部队的协同，以执行主要任务的部队为主；地方兵团、民兵配合主力兵团作战时，以主力兵团为主。各兵种应积极支援步兵和装甲兵的战斗行动，步兵和装甲兵则应主动协助其他兵种克服困难。地方兵团和民兵要积极配合主力兵团，主力兵团亦应主动与地方兵团和民兵协调一致地行动。

周密组织和不间断地协调各军种、兵种的协同动作，形成整体威力打击敌人，是指挥员在战斗准备和实施过程中的重要职责之一，也是他们指挥艺术及组织才能、战术素养的集中体现。在贯彻协同动作原则时，指挥员要把自己注意的重心放在对全局有决定意义的问题和行动上，围绕关键问题组织协同，并要重点搞好步兵、炮兵和坦克兵之间，地面与空中之间的协同动作，以便发挥各主要兵种协同战斗的整体力量。为了保障战斗中准确而不间断的协同，要准备多种方案，建立顺畅的通信联络，组织各种保障，要增强全局观念和时间观念，积极、坚决地完成任务，主动配合与支援友邻。当协同失调或遭到破坏时，应迅速采取措施加以调整和恢复。

六、快速组织准备，实施全面保障

优势而无准备，不是真正的优势；有优势而无有效的保障，也不能发挥优势的作用。每战力求有准备。组织全面的保障，是夺取战斗胜利的重要要件。现代战争的突然性，往往决定了参战准备时间短，组织准备工作复杂，所以要精密计划，抓住重点，简化程序，改进方法，熟练使用自动化指挥器材，快速、周密地完成各项战斗准备。同时，为了全局利益，适应突然变化的情况，即使准备不足，也要迅速、果敢地投入战斗，边打边准备，并善于利用战斗间隙，组织部队休息和整顿，以利连续作战。

由于现代武器的毁伤力急剧增长，各级指挥员必须重视组织和实施全面保障。各种战斗保障、后勤保障和技术保障应按统一计划，全面而有重点地组织，特别强调加强侦察、电子对抗和对核、化学、生物武器袭击的防护，以保障部队安全、顺利地执行战斗任务。

七、注重夜战近战，扬己之长击敌之短

夜战、近战是我军的传统战法和特长。在我军技术装备处于劣势的情况下，夜战、近战有利于以己之长，击敌之短。夜战、近战，能使敌方核、化学、生物武器的使用受到限制，削弱敌方武器装备的优势，便于隐蔽企图，秘密行动，发挥人的勇敢精神，出奇制胜。在敌方广泛使用夜视、电子器材和核、化学、生物武器的情况下，实施夜战、近战，要采取各种有力措施，摧毁和对抗敌夜视器材，进行防光学、防雷达、防红外等伪装，加强部队独立作战的能力和通信联络，并充分利用有利地形和不良天候，隐蔽配置兵力，迅速、秘密地行动，尽量靠近敌人或待敌接近时，以突然、猛烈的火力，全歼或大量毁伤敌人。

八、力争主动，力避被动

主动权是军队行动的自由权。行动自由是军队的命脉，失去了这种自由，军队就接近于被打败或被消灭。任何一次战斗，谁夺取并始终保持主动权，谁就能获得胜利，反之，失败就会接踵而至。

主观的努力是争取主动的决定因素。力量的优势与劣势是主动或被动的客观基础，但主观指导的正确与否，直接影响力量优劣和主动与被动的变化。所以，不论进行何种战斗，都要在客观物质的基础上，充分发挥主观能动作用，适时集中和保持兵力火力的优势，制造和利用敌人的错觉和大意，先机制敌，迫敌陷于被动地位，并善于预见战斗的发展变化，正确处理各种情况。当被迫处于被动地位时，则要当机立断，采取有效措施，迅速摆脱被动，恢复主动。

九、灵活机动，出其不意

根据客观情况，灵活使用和变换战术，出其不意地打击敌人，是保持优势、夺取主动的重要方法，也是指挥的中心任务。战斗中，要根据战

场情况的变化，在总的意图下，积极果断行事，巧妙地实施战术欺骗，造成敌人错觉和大意。同时，严密伪装，隐蔽行动企图，善于从复杂、剧变的战况中，迅速作出反应，在敌难以预料的时间和地点，适时机动兵力火力，运用各种战法，让敌措手不及。同时，还要预先制定多种方案，采取各种防范措施，对付敌人的突然袭击。

十、勇敢顽强，连续作战

优良的战斗作风是战胜敌人的重要因素。现代战争异常紧张、激烈和艰苦，因此更要发扬勇敢战斗、不怕牺牲、不怕疲劳、英勇顽强、坚忍不拔、孤胆作战和连续作战的作风，夺取战斗的胜利。

第二节　战斗的基本类型

战斗，是敌对双方的兵团、部队、分队以及单机、单舰，在较小的空间和较短的时间内进行的有组织的武装活动，是夺取战争胜利的主要手段。战斗的目的是歼灭或击溃敌人，攻占或扼守某些地区和目标。战斗从属于战役。但战斗又有自己的独立性。战斗的持续时间比战役要短，长的可达几天，短的只有几分钟。比如，1982 年，以色列出动数十架飞机袭击叙利亚设在贝卡谷地的地对空导弹阵地，整个战斗仅持续 6 分钟。战斗的规模比战役也要小得多，通常师以下部队所进行的作战行动都可以称作战斗。

战斗的基本类型有进攻战斗和防御战斗两种。根据展开的空间、地形、气候条件以及参加战斗的军种、兵种不同，有地面战斗、海上战斗、空中战斗；有一般地形、气候条件下的战斗和特殊地形、气候条件下的战斗；有昼间战斗和夜间战斗；有单一兵种战斗和诸军种兵种的合同战斗。现代战斗通常都是由多兵种共同进行的合同战斗。以下将对战斗的两种基本类型进行介绍。

一、进攻战斗

进攻战斗，即主动进击敌人的战斗，是战斗的基本类型之一，是消灭敌人的主要手段。其主要目的是歼灭敌人，攻占重要地区和目标。在任何规模的武装冲突中，军队要彻底消灭敌人，达成积极的作战目的，最终还是要靠进攻这一决定性的战斗类型。

进攻战斗是一种主动的战斗行动类型，较之防御战斗来说，进攻战斗具有以下特点：进攻军队在选择攻击方向、攻击时间及攻击方法上握有主动权；在一定的物质条件基础上，能将自己的意志强加于敌人，并夺取决定性的胜利；能根据预定的企图，按自己的决心和事先部署的兵力、兵器，全面准备夺取胜利的条件；还能广泛地实施突然袭击，迅速利用突击效果和有利态势，以及在战斗过程中实施机动，各个歼灭敌人，并不断发展胜利。所以，进攻是消灭敌人的主要手段。要解决战争问题，主要还是要采取进攻这种作战类型。

进攻战斗，依敌人的行动性质和态势，通常分为对运动之敌的进攻战斗，对仓促转入防御之敌的进攻战斗，对野战阵地防御之敌的进攻战斗和对坚固阵地防御之敌的进攻战斗。依敌人的防御准备程度，也可分为对有防御准备之敌的进攻战斗和仓促转入防御之敌的进攻战斗。由于地形、气候条件的不同，还可分为一般进攻战斗和登陆、渡江河以及在城市、山林地、高原地、沙漠地、水网稻田地、热带山岳丛林地、严寒地等特殊条件下的进攻战斗。

进攻战斗的基本原则是集中优势兵力，各个歼灭敌人。其基本手段是袭击和强攻。由于敌情任务、地形等不同，战法也不尽相同。

运动之敌，一般是指在行军、开进、增援、突围或退却中的敌人。这种敌人由于处于移动状态，没有阵地依托，目标暴露，未形成战斗队形，组织指挥不够严密，战斗准备不足。对这种敌人，可以采取伏击、追击、遭遇战斗的样式，抓住战机，出其不意地攻击，力求速战速决，歼敌于运动之中。

仓促转入防御之敌，通常准备时间短，地形不熟，兵力部署不周，火力配系不完善，工事构筑、障碍物设置不完备，翼侧暴露，间隙较大，纵深浅，协同动作组织不严密，指挥不稳定。对这种敌人，通常采用急袭的方法，突然攻击，迅速歼灭；同时必须有强攻准备，以便急袭不成，立即转为强攻。同时应该抓住战机，快速准备，快速开进，从行进间发起进攻，大胆插入敌纵深，分割包围，各个歼灭。

野战阵地防御之敌，通常已占领阵地，兵力部署和火力配置已就绪，有野战工事和障碍物，但阵地尚不坚固、完善。对这种敌人，通常采取强攻或强攻与袭击相结合的方法，集中优势兵力，实施包围迂回，选敌弱点，突然、猛烈地攻击，迅速突入敌阵地，大胆穿插分割，各个歼灭敌人。情况允许时，也可以实施奇袭。

坚固阵地防御之敌，往往准备充分，工事坚固，兵力部署、火力配系、阵地编成和障碍设置都较周密完善，指挥和通信联络稳定，物资储备充足，有独立长期坚守的准备。进攻这种敌人，要充分准备，周密组织，集中绝对优势兵力火力，选敌弱点，实施有重点的连续突击，坚决突破敌人的阵地，然后采取分割包围战术，各个歼灭敌人。

各种特殊条件下的进攻战斗，除灵活运用一般原则和方法外，还应着眼不同的特点，采取不同的战法，克敌制胜。

进攻战斗可以在与敌直接接触的情况下发起，也可以从行进间发起。直接接触情况下发起的进攻战斗，有突破和纵深战斗两个阶段；行进间发起的进攻战斗，还包括开进、接敌、展开等阶段。无论在哪一种情况下发起进攻，都要周密组织侦察，正确选定主要进攻方向，把主要兵力集中使用于主要方向上，建立有重点的纵深、梯次的战斗部署，周密组织各部(分)队、各兵种之间的协同动作、战斗保障和后勤保障，迅速完成各项准备，隐蔽、突然地发起攻击。突破后应实施包围迂回，穿插分割，各个歼灭敌人。

随着军队的火力、机动力、突击力和防护力的提高，尤其是战术核武器的运用，进攻战斗原则和方法将有新的发展。火力在进攻中的作用将进一步提高，突破口和主攻方向可能选在敌强点上；集中兵力的方法，由以往在狭窄地段上的集中配置，改变为在较宽的地段上疏开配置；通过兵力火力适时机动，实行集中，保持主动；地面突击与空中突击、垂直包围紧密结合；逐次夺取目标的方法，改变为大纵深高速度的突围，并把战斗胜利迅速发展为战役胜利。

二、防御战斗

防御战斗，是抗击敌人进攻的战斗，通常在保卫重要地区或目标，阻敌增援，断敌后路，掩护主力部队集结，巩固占领地区或阵地等情况下实施。其目的是杀伤、消耗敌人，争取时间，保障其他方向上的进攻，或为直接转入进攻创造条件。

防御是一种被动的作战形式。然而，防御者却能同数量超过自己数倍的敌人作战，并往往能够挫败敌人的进攻，其中一个重要的原因，就是它具有许多进攻者不具备或不完全具备的有利条件。一是防御者可充分利用地形之利。防御者通常先于进攻者占领有利地形，预先构筑工事，设置障碍，隐蔽地配置兵力、兵器，为实施战斗创造有利的阵地条件。二是具有比较充分的准备时间，就攻防双方进行战斗的这一特定的空间和时间而言，一般总是防御者首先占领阵地，组织防御，在此之后才有攻者实施进攻的战斗行动。这便使防御者通常能赢得较充分的准备时间，不但坚固阵地是这样，就是野战阵地防御，甚至仓促防御也能先敌一步。如抗美援朝战争中，志愿军第 113 师向三所里穿插，一夜疾行 115 里，先敌 5 分钟抢占了有利地形，堵住了南逃北援之敌，为取得战役胜利创造了有利条件。三是能以逸待劳。防御能先于敌人占领战斗地区，依托阵地等待敌人的进攻。因此，防御具有以逸待劳的优点。四是能更多地得到民众的直接支援与配合。防御与进攻之间显著的不同点，在于进攻流动性较大，而防御战斗的地区通常比较固定。这个特定的条件决定了防御能得到人民群众更多的直接配合和支援。特别是遂行坚固阵地防御和岛屿、海岸防御任务的部队，依靠人民群众，搞好军民联防，对于粉碎敌人来自地面和海上的进攻，具有非常重要的意义。

防御者如能充分地利用防御的有利条件，就能弥补兵力的不足，以较少的兵力抗击敌人优势兵力的突击，达到守住阵地、重创敌人的目的。

防御战斗因任务、阵地性质和准备时间的不同,一般分为坚固阵地防御战斗、野战阵地防御战斗、运动防御战斗和仓促防御战斗。由于地形、气候的不同,还有海岸、岛屿、城市、热带山岳丛林地、沙漠地、严寒地等特殊条件下的防御战斗。

坚固阵地防御战斗,是依托以坑(地)道和地面的永备工事为骨干,与野战工事相结合进行的坚守防御战斗。这种防御战斗,具有准备时间充裕,组织计划周密,工事坚固,防御配系比较完善,持续时间长等特点。如抗美援朝战争中的上甘岭防御战斗,我军经过6个月的准备,构筑了坑道和野战工事相结合的坚固阵地。部队依托阵地,与敌反复争夺,坚守了43天,挫败了敌人的进攻。

野战阵地防御战斗,是依托临时构筑的野战阵地进行的防御战斗,通常在任务较紧迫,组织准备时间较短,工事不够坚固,防御配系不够完善,组织准备不够充分的情况下进行。如解放战争时期东北野战军第4纵队进行的塔山阻击战,部队准备时间仅有两天,只构筑了部分野战工事,敌人就发起进攻。防御部队与敌浴血奋战,坚守阵地6天,为主力歼敌创造了条件。未来战争,野战阵地防御将是一种常见的防御形式。在以坚守防御作战为主的情况下,对于填补空间地带,掩护坚固阵地的翼侧安全,掩护主力机动、集中,阻隔敌人或断敌后路,保障主力运动歼敌将发挥重要作用。

运动防御战斗,是在一定地区和时间内,逐次转换阵地,节节抗击敌人的防御战斗。运动防御战斗具有防御正面宽、纵深大、翼侧暴露、部队交替掩护、轮番战斗的特点。其目的是消耗、牵制敌人,利用空间换取时间。采取运动防御的形式,既要在上级限定的时间内顽强阻击,大量杀伤敌人,迟滞其进攻,又要在完成任务后,适时、巧妙地摆脱敌人。

仓促防御战斗,是在受敌直接威胁的紧急情况下组织实施的防御战斗。其特点是:在敌人火力直接威胁下,预先没有准备或准备时间极为短促,且常常是边打边组织,边打边准备。由于敌人在进攻作战中强调尽量避开或绕过对方筑垒地区,在对方没有设防或防守薄弱的方向实施高速度进攻,并以遭遇战斗的形式,消灭对方向前机动的部队。因此，在现代条件下，仓促防御将是不可避免和经常出现的防御战斗样式。

防御战斗通常以劣势兵力抗击敌人的进攻。其基本原则和要求是：树立积极顽强的思想和全局观念；有重点地部署兵力，控制要点，掌握强有力的预备队；充分利用地形构筑工事，建立以反坦克为主的要点式的纵深梯次的阵地体系；组成纵深、立体、环形的火力配系；设置多道、多种类的障碍物；周密地组织协同动作和各项保障；严密组织对核、化学、生物武器袭击的防护。组织防御要抓住重点，力求周密完善。准备时间越短促时，越要边打边组织边准备。

战斗中要积极打击开进、展开之敌，杀伤、消耗和迟滞敌人；采取各种措施和手段，抗击敌人的火力准备和冲击；适时机动兵力火力，消灭敌空降兵；抓住有利时机，集中兵力，出其不意地实施反冲击、反击和出击，消灭冲击或突入阵地之敌。

现代条件下，由于大威力的杀伤兵器和直升机的广泛使用，在防御战斗中保存有生力量更加困难，兵力兵器配置更加疏散，防御正面、纵深明显增大，反机降成为战斗的重要内容。

战斗的基本类型是进攻和防御。战争就是进攻与防御的交替应用。这两种战斗类型是在相互斗争中共同发展起来的，事实上，攻防是辩证的统一，两者互为条件，相互转化。攻者为各个击破对方，常要以防御的方法，阻其多路，歼其一路；防者先取守势，其目的往往在于后发制人，创造有利条件，再将防御转化为进攻。

第三节　单兵战术动作

战士在攻防战斗中，通常在班（组）内行动，以手中武器和爆破器材，打、炸敌坦克、战斗车，消灭敌步兵。因此，战士必须坚决执行命令，贯彻近战歼敌的思想，发扬英勇顽强、孤胆作战、不怕牺牲、不怕疲劳和连续作战的战斗作风，巧妙地利用地形地物，以勇敢沉着、机智灵活的战斗动作，积极主动地与友邻战士密切协同，坚决完成战斗任务。

一、利用地形地物

(一)利用地形地物的目的和要求

利用地形地物的目的在于“隐蔽身体,发扬火力”,只有充分发扬火力,消灭敌人,才能有效地保存自己。

利用地形地物应做到:便于观察、射击和隐蔽身体;便于接近和离开;便于防敌地面和空中火力杀伤;不要妨碍班(组)长的指挥、邻兵的动作和火器射击;不要几个人拥挤在一起,以免增大伤亡;不要在一地停留过久,应视情况灵活地变换位置;尽量避开独立、明显的物体和难以通行的地段。火箭筒手利用地形地物射击时,应考虑到尾翼张开时不能受到影响以及喷管后的安全距离,在火箭弹飞行的路线上也不得有任何障碍物;筒后 30 米,不能有人,以免受到伤害。

(二)对各种地形地物的利用

利用地形地物时,应根据敌情和遮蔽物的高低、大小取适当姿势,迅速隐蔽地接近,由下而上地占领,周密细致地观察,不失时机地出枪(筒)。对不便于射击的位置,应加以改造或变换位置。

1.对堤坎、田埂的利用

堤坎、田埂有纵向、横向之分。横向的利用背敌斜面或残缺部位,火箭筒(机枪)手通常将脚架支在背敌斜面上,筒口距地面不得小于 20 厘米;纵向的通常利用其弯曲部或顶端一侧,依其高度取适当姿势。堤坎高于人体时,应挖踏脚孔或阶梯。如利用堤坎对空射击时,通常利用其顶端(部),并根据其高度取不同姿势。

2.对土堆(坟包)的利用

通常利用独立土堆(坟包)的右侧,如视界、射界受限制或右侧有敌火力威胁时,也可利用其左侧或顶端。双土堆(坟包)可以利用其鞍部。对空射击时,通常利用其后侧或顶端。

3.对土(弹)坑的利用

通常利用其前沿,根据敌情和坑的大小、深度,以跳、滚、匍匐等方法进入,并取适当姿势;对空射击时,以坑沿作依托或背靠坑壁进行射击。火箭筒手应利用坑的右前沿作依托，以防射击时喷火自伤。

4.对堑壕、交通壕(沟渠)的利用

对堑壕、交通壕的利用在防御战斗中较多。通常利用其掩体、壕壁或拐弯处隐蔽身体，依其上沿或拐角作射击依托。

5.对树木(线杆)的利用

通常利用其右后侧，根据树的大小取其适当姿势。大树(直径50厘米以上)可采取各种姿势，较小的树通常采取卧姿。如取立姿时，应尽量将身体左侧和左大臂或左小臂和左膝紧靠树木右后侧，右脚稍向后蹬，进行射击。取跪姿时，应将左脚、左小腿的外侧紧靠树木的右后侧，跪下的同时或跪下后出枪。取卧姿时，应将左小臂紧靠树木右后侧或以树的根部作依托。

6.对高苗地、丛林地的利用

应尽量利用靠近敌方的边缘内侧，以便观察和射击，按其高低、稠密度等情况取适当姿势。接近时，右手持枪，左手分开高苗侧身前进。

火箭筒射手不宜利用高苗地射击。遇高苗地时，应迅速隐蔽地前出或侧出，占领适当位置，再行射击。

7.对墙壁、墙角、门窗的利用

墙壁、墙角、门窗易被敌炮火击毁或被坦克撞塌，造成间接伤亡，因此，利用时在一地不能停留过久。

按其高度取适当姿势，矮墙可利用顶端或残缺部；墙高于人体时，可将脚垫高或挖射击孔。机枪手利用墙壁射击时，可将脚架折回(土墙不宜折回，以免活塞进土发生故障)。墙角通常利用右侧，左小臂靠墙角，取适当姿势。火箭筒手利用墙角射击时，筒口距墙角不小于20厘米。门通常利用左侧；窗可利用左(右)下角。

(三)利用地形防核武器袭击的动作

当得到核武器袭击警报或发现核爆炸的闪光时，应立即利用附近地形进行防护。在开阔地时，则背向爆点方向，就地卧倒，面向地面，闭眼闭嘴，两手垫在胸下，两腿并拢紧贴地面，尽量不使皮肤暴露在外，待冲击波一过，迅速穿戴防护器材。

二、在敌火下运动

战士在敌火下运动时,应根据敌情、任务,善于利用地形,灵活地采取不同的运动姿势和方法,正确处理各种情况,迅速隐蔽地接敌或实施机动。

(一)运动的时机和要求

时机:应按班(组)长的口令、信(记)号,利用我火力掩护或敌火中断、减弱、转移的瞬间,迅速隐蔽地前进。有时可采取欺骗、迷惑敌人的方法突然前进。

要求:运动前,应选择好运动路线和暂停位置。运动中,应不断地观察敌情、地形、班(组)长的指挥和邻兵的行动,保持前进方向,发现目标后,应按班(组)长的口令或自行射击。

(二)在敌火下运动的姿势与方法

1. 直身前进

在距敌较远,地形隐蔽,敌观察、射击不到时采用。其要领是:目视前方,右手持枪(筒),大步或快步前进。

2. 屈身前进

在遮蔽物略低于人体时采用。其要领是:目视前方,右手持枪(筒),上体前倾,头部不要高出遮蔽物,两腿弯曲(屈身程度视遮蔽物高低而定),大步或快步前进。

3. 匍匐前进

在通过敌步兵火力封锁较短地段或利用较低的遮蔽物前进时采用。根据遮蔽物的高低分为低姿、高姿、侧身匍匐和高姿侧身匍匐四种。

低姿匍匐通常在遮蔽物高约40厘米时采用。其要领是:腹部贴于地面,屈回右腿,伸出左手,用右脚内侧的蹬力和左手的扒力使身体前移,在移动的同时,屈回左脚,伸出右手,用左脚内侧的蹬力和右手的扒力使身体继续前移,依次交替前进。携冲锋(步)枪时,右手掌心向上,枪面向右,虎口卡住机柄,握住背带,枪身紧靠右臂内侧。也可右手虎口向上,握枪的上背带环处,食指卡住枪管,将枪置于右小臂上。携机枪时,通常右手握把推枪前进，也可由正副射手协同推、拉枪前进。携火箭筒时，右手握把或脚架顶端，将筒置于右小臂上，火箭筒副射手可采取背、推、拉背具的方法前进。

高姿匍匐通常是在遮蔽物高约60厘米时采用。其要领是：用两小臂和两膝支撑身体前进。携枪（筒）方法同低姿匍匐，有时可将枪托（筒尾）向右，两手托握枪（筒），火箭筒副射手可背背具或以两小臂托背具的方法前进。

侧身匍匐通常在遮蔽物高约60厘米时采用。其要领是：身体左侧及左小臂着地，左大臂向前倾斜支撑上体，左腿弯曲，右腿收回，右脚靠近臀部着地，右手握枪（筒），用左臂的支撑力和右腿的蹬力使身体前移，火箭筒副射手可将背具夹于右肋或右手拉背具前进。

高姿侧身匍匐通常在遮蔽物高80—100厘米时采用。其要领是：左手和左小腿外侧着地，右手提枪（筒），以左手的支撑力和右脚掌的蹬力使身体前移。

4.滚进

在卧姿时，为避开敌人观察、射击，在左右移动或通过棱线时经常采用滚进。其要领是：将枪关上保险，左手握枪表尺上方，右手握枪颈附近或两手握上护木，枪面向右，顺置于胸、腹前抱紧，两臂尽量向里合，两脚腕交叉或紧紧并拢，全身用力向移动方向滚进。运动中，也可在卧倒的同时向移动方向滚进。其要领是：左（右）脚向前一大步，左手在左（右）脚前着地，身体尽量下塌，右手将枪挽于小臂内，身体向右（左）侧，枪面向右；在右（左）肩、臂着地的同时，向右（左）滚进。滚进时，右（左）腿伸直，左（右）腿微曲，滚进距离长时可两腿夹紧。

5.沿壕运动

(1)跳入壕内时的动作

跳入时，应根据壕的深浅，采取不同的方法。壕较浅时，右脚踏壕沿，左脚向壕内迈出的同时收枪，以右脚掌的弹力，顺势跳入壕内。壕较深时，右手持枪（筒），紧贴身体右侧，左手扶住壕沿，左脚踏壕沿，以左手的撑（扒）力和左脚的蹬力，顺势跳入壕内；也可右手持枪（筒），左

(右)脚跨向堑壕另一侧,左手支撑壕沿跳入。班用机枪、火箭筒手也可将枪(筒)放在壕沿上,跳入后迅速取枪(筒)。

(2)壕内运动

在壕内运动时,根据情况通常采取直身或屈身前进。其要领是:右手持枪(筒)紧贴身体右侧,或顺置于胸腹前,左手扶装具,目视前方,迅速隐蔽地前进。运动中应做到姿势低、速度快,不断观察敌情和前进路线,同时还应防止枪托碰撞壕壁。

(3)两人壕内相遇通过时的动作

战士在壕内运动,两人相遇时,靠近掩体或堑壕交叉处的一方战士,应迅速利用其待避,待另一方战士通过后继续前进。当无掩体或堑壕交叉处可利用时,两战士可面对面,侧身向各自的方向转动通过。

(4)壕内向后转的动作

在壕内向后转,当左脚在前时,应由右向后转(以两脚掌为轴),通常将枪贴于身体右侧,迈左脚继续前进;当右脚在前时,应由左向后转,通常将枪顺置于胸前,迈右脚继续前进。

(5)壕内拐弯时的动作

在壕内运动,接近拐弯处时,应减慢速度,接近后隐蔽观察,迅速拐弯。其要领:向右(左)拐弯时,应迈左(右)脚,脚尖向右(左)前方,使身体转向右(左),右(左)脚向新的方向迈出前进。

(6)跃出堑壕的动作

跃出堑壕应尽量利用残缺部位或掩体跃出,也可以支撑跃出。利用掩体跃出时,左手扶壕沿,一只脚踏踏脚孔,另一只脚稍向后蹬,右手持枪(筒),也可把枪放在枪臂座上(跃出的同时取枪),以左手的撑(扒)力和两脚的蹬力迅速跃出。携机枪时,可将枪背带挂在右肩上,右手握护木。支撑跃出时,两手按两侧壕沿(枪筒放在壕沿上)将身体支起,两脚蹬两侧壕沿以右(左)手的撑力和右(左)脚的蹬力,使身体移向左(右),取枪(筒)迅速跃出堑壕。当壕较浅时,可左手扶壕沿,右手持枪向前伸出,右脚蹬踏上壕沿的同时跃出堑壕。

6.跃进

这是在敌火下迅速通过开阔地时采用的运动方法。跃进时要做到跃起快、前进快、卧倒快。跃进前，应先观察前方地形，选择好前进路线和暂停位置；然后，迅速突然地前进。如卧姿跃起时，可先向左(右)移(滚)动，以迷惑敌人，冲锋(步)枪手应迅速收枪，同时屈左腿于右腿下，右手提枪，以左手、左膝、左脚的支撑力将身体支起，同时出右脚前进。机枪、火箭筒手跃起时，应以双手和左脚迅速撑起身体，右脚向前一步，同时右手握枪护木(提提把)迅速前进。前进时，右手持枪(火箭筒手右手提筒或右手握握把，用右臂夹住筒身，左手扶筒口处，防止火箭弹滑出；火箭筒副射手背背具或右肩挎一侧的背具带，并将背具夹于右肋)，目视敌方，屈身快跑。火箭筒、机枪副射手通常在射手左后侧 3—5 步处，与射手同时前进。跃进的距离和速度应根据敌火和地形而定，敌火越猛烈，地形越开阔，跃进距离应越短，速度应越快，每次跃进距离通常为 15—30 米。当进到暂停位置或遭敌猛烈射击时，应迅速隐蔽或卧倒。卧倒时，左脚向前一大步，身体下塌，左膝稍内合，按左膝、左手、左肘的顺序着地卧倒，也可右脚向前一大步，左手撑地迅速卧倒。机枪、火箭筒手需要架枪(筒)卧倒时，可左手打开脚架，同时左脚向前迈出一大步，将枪(筒)对向目标，架在地上，两手在枪(筒)身左侧撑地，两脚同时后伸迅速卧倒。卧倒后，如无射击任务，则不据枪(筒)，做好继续前进的准备。

(三)对各种情况的处置

1.遭敌机轰炸、扫射时的动作

当遭敌机轰炸时，战士应按上级命令快速前进，或立即利用地形隐蔽，待炸弹爆炸后继续前进，也可利用敌机投弹间隙迅速前进。

当遭敌武装直升机发射火箭或扫射时，战士应立即利用地形隐蔽，或根据上级统一口令，抓住敌武装直升机悬停、俯冲扫射等有利时机进行对空射击。

2.遭敌炮火袭击时的动作

战士在接敌时要准备防敌炮火袭击。当遭到敌零星炮火袭击时，应注意听看，快速前进，如判断炮弹可能在附近爆炸时，应立即卧倒，待炮弹爆炸后继续前进。当遭敌猛烈炮火袭击时,应乘炮弹爆炸的间隙,利用弹坑和有利地形逐次跃进。当通过敌炮火封锁区时,战士应观察敌炮火封锁的规律,利用敌射击间隙快跑通过。如封锁区不大,也可绕过。当发现化学炮弹爆炸时,应立即穿戴防护器材,然后快速通过。

3. 遭敌核、化学、生物武器袭击时的动作

当战士接到敌核武器袭击警报时,应根据命令,迅速隐蔽或继续前进,随时做好防护准备。当发现核爆炸闪光时,应迅速防护。冲击波一过,视情况穿戴防护器材,迅速前进。

当战士接到化学袭击警报或遭敌化学袭击时,应立即穿戴防护器材,或利用就便器材进行防护。如遇敌染毒地段时,应穿戴防护器材迅速通过,或根据指示绕过。

当敌对我施放生物战剂气溶胶时,战士应戴防毒面具或戴简易防护口罩、自制防护眼镜、风镜等,做好对呼吸道、面部和眼睛的防护。如敌投掷带菌媒介物时,应戴手套、穿靴套、披上斗篷或穿上雨衣,扎紧袖口、领口、裤脚口,以防生物战剂气溶胶污染和带菌昆虫叮咬皮肤。

4. 遇敌雷区、定时炸弹、电子侦察器材时的动作

遇敌雷区和定时炸弹时,战士应迅速报告上级并进行标示,按照班(组)长的口令排除或绕过。对敌设置(投放)的电子侦察器材,应迅速排除。排除时,应先查明是否设置有爆炸物,然后视情况将其排除或炸毁。

5. 与其他火器、邻兵协同的动作

战士在接敌时,要互相支援,主动协同,交替掩护前进。冲锋(步)枪手应主动以火力掩护反坦克火器和机枪的行动,并及时为其指示目标,利用其射击效果前进;必要时,让开有利的射击位置和前进路线。当邻兵前进时,应以火力掩护;邻兵受阻时,应主动以火力支援或勇猛迅速地前进;当落后于邻兵时,应迅速跟上,向最前面的战士看齐。如火箭筒(机枪)手不能继续遂行战斗任务时,战士应主动接替。

(四)近迫作业

战士在敌火下运动,需要在开阔地停留时,可根据班(组)长的口令或自行近迫作业。

其要领是：卧倒后，将枪（筒）放在右侧或上风一臂处，机柄向下，侧身取下圆锹，先从一侧由前向后挖掘，将土投向前方堆成胸墙，一侧挖好后，翻身侧于坑内，继续挖另一侧，直到能掩护全身为止。在土质松软的情况下，可用锹挖、手推、脚蹬的方法构筑卧射掩体。火箭筒手和机枪手，视情况可正副射手同时进行作业，也可一人坚持射击，一人作业。作业时，姿势要低，动作要快，并不断观察敌情和注意班（组）长的指挥，随时准备射击或前进。

三、准备冲击与冲击

战士冲击时，必须具有压倒一切敌人的英雄气概，勇猛冲入敌阵，坚决消灭敌人，击毁敌人坦克。

（一）准备冲击

战士占领冲击出发阵地后，应根据情况构筑（加修）工事，注意观察和伪装，看清冲击目标、冲击路线、通路位置，记住班（组）、自己的任务和信（记）号。听到“准备冲击”的口令，应迅速做好如下工作：装满子弹（火箭弹），准备好手榴弹和爆炸器材；整理好装具，系好鞋带，扎好腰带和子弹袋，装具尽量靠后，以免妨碍冲击动作；做好跃起或跃出工事的准备，遮蔽物较高时，应挖好踏脚孔。做好准备后，向班（组）长报告，报告方法：“×××冲击准备完毕。”

（二）冲击

1. 通过通路时的动作

战士听到“冲击前进”的口令或看到冲击信号时，应迅速跃起或跃出工事，最大限度地利用我火力效果，迅猛地向指定目标冲击前进。接近通路时，应按班（组）长规定的顺序，迅速进入通路。如通路纵深较小时，应利用我炮火准备的效果，快跑通过；通路纵深较大时，应在我炮火掩护下分段逐次跃进通过。在通路中，战士应充分利用通路两侧边缘的有利地形和我火力掩护的效果，灵活迅速地前进；发现目标，应及时以火力将其消灭。机枪手在通路中，可采取行进间射击，或迅速抢占通路一侧有利地形进行射击，但不要影响邻兵动作。

2.向敌步兵冲击时的动作

通过通路后,进至投弹距离时,应自行或按班(组)长的口令,向敌堑壕内投弹,乘手榴弹爆炸的瞬间,勇猛冲入敌阵地,以抵近射击,拼刺消灭敌人,并不停地向指定目标冲击前进。

当几个敌人同时向自己逼近时,应首先消灭威胁大的敌人,然后各个消灭;当敌与友邻战士格斗时,应主动支援;当敌逃跑时,应以火力追歼。机枪手和火箭筒手应迅速抢占敌前沿的有利地形,以猛烈的火力压制、消灭敌人。

四、担任观察员和打敌坦克

(一)担任观察员的动作

观察员是指挥员的耳目。派设观察员,是指挥员及时了解战场情况的主要手段和分队免遭敌突然袭击的重要保证。

1.观察员的任务和要求

观察员的任务是:观察敌坦克、步兵战车(装甲输送车)、步兵及敌机的活动情况;观察和判明敌核、化学、生物武器袭击的征候;观察上级发出的信(记)号、本分队和友邻的行动等。

观察员应熟记方位物、地境和主要观察方向;熟悉观察地境内的地形特征和景况;掌握敌核、化学、生物武器袭击的时机与景象;熟记上级规定的信(记)号、指挥员的位置及发现情况时的报告方法。

2.观察位置的选择

观察位置通常由上级指定,有时也可在规定的地段内自行选择。其条件是:视界开阔,隐蔽良好,便于进出和报告情况,能监视敌人的行动,不易被敌发现,并要严密伪装。

3.对地面观察时的要领和报告方法

战士对地面观察时,要善于分析判断敌情、地形及各种情况,发现情况及时准确报告上级。观察要领:一是分段观察,将观察地境分成若干地段,由近至远,由右至左反复不断观察。二是轮廓观察,就是迅速而全面地搜索明显目标。三是“之”字形观察,先从右至左观察近地段,再从左至右观察中间段，然后由右至左观察远地段。

报告方法：一是口头报告。口头报告，应以指挥员统一规定的方位物或自己选择的明显物体为准，指明目标的位置、距离、名称及活动情况。报告要简明、准确。二是信号报告。应依照预选规定好的信（记）号报告，如信号旗、手势、音响器材、信号弹等。情况紧急时，可以鸣枪报告。

（二）打敌坦克动作

战士在进攻战斗中，在敌阵地内打坦克时，应在我火力和烟幕掩护下，以突然勇猛的动作，将爆破器材准确、稳定（固）地投送到敌坦克履带、炮塔和车体结合部、散热窗等部位，然后迅速离开，就近利用地形隐蔽，做好射击准备。火箭筒手应不断地观察敌情、地形及邻兵情况，及时占领发射阵地，以准确的火力击毁敌坦克。

当敌坦克利用其火力掩护，在我防御前沿障碍物中开辟通路时，火箭筒手应根据班（组）长的命令，迅速隐蔽地占领前出发射阵地或利用地形适当前出，以突然准确的火力击毁敌坦克。也可占领翼侧发射阵地或有利地形，以准确的火力将其击毁。

当敌坦克、步兵战车（装甲输送车）接近和通过通路时，火箭筒手应迅速机动地占领有利的射击位置，抓住敌坦克被我障碍所阻、停顿、减速、转向、上下坡等有利时机，瞄准先头装甲目标的薄弱部位，将其击毁，以堵塞通路，并视情况，击毁其他目标。当敌坦克、步兵战车（装甲输送车）进至操纵雷区时，负责操纵地雷和抛射炸药包的战士，应适时起爆。

当敌坦克、步兵战车（装甲输送车）逼近我前沿时，战士应沉着果断，将其击毁在前沿前。火箭筒手应以斜射、侧射火力首先击毁对我威胁最大的敌装甲目标，然后迅速转移火力击毁其他目标。战士实施壕前布雷时，通常在敌坦克进至壕前 5—7 米处时，将防坦克地雷推至壕前胸墙平面上的敌坦克履带方向，然后迅速隐蔽撤离，并做好爆破准备。当敌坦克、步兵战车（装甲输送车）进至壕前被阻击或被我击伤时，战士应根据班（组）长的命令，充分利用地形，在烟幕掩护下，隐蔽前出，将其击毁。使用炸药包、爆破筒时，战士应待敌坦克越壕时，迅速跃起，脚蹬壕壁，以投、送、插、挂等方法，炸其发动机、履带或炮塔车体结合部。

第四章　军事地形学

军事地形学是军事上识别、研究并利用地形的一门科学，是军事训练的共同科目之一。它主要研究地形对战斗行动影响的规律，军用地图和航空、航天像片的识别与应用原理，战场简易测量方法以及调制要图的要领等。地形作为战场的自然结构，是战争的依托和舞台，指挥作战就必须认识地形、研究地形，进而利用地形、改造地形，以夺取战争的胜利。随着现代战争的突发性增大，战场范围扩大，参战军种、兵种多，部队机动能力提高，研究利用地形愈益显得重要；加之军事测绘成果的不断丰富，军事地形学逐渐发展为一门专门学科，并成为军事训练的一门重要科目。

军事地形学的内容主要有地形分析、识图用图、方位判定、简易测量、调制要图、像片判读等。地形分析就是分析地貌、水系、道路、居民地和土壤植被等地形要素，判断其对部队运动、观察、射击、隐蔽和伪装的影响，工事构筑条件，以及对核、化学武器袭击的防护性能等，从而达到正确利用地形、趋利避害的目的。识图用图包括地形图、海图、航空图和影像地图的识别与使用，其中主要是介绍地形图的基本知识和寻求使用地形图的正确方法。识图，侧重研究地形图的测制原理、数学基础和地形要素的表示方法。用图，侧重研究现地应用地图的方法。判定方位是研究在现地如何辨明东西南北方向，明确站立点与周围地形的关系位置。简易测量是研究快速测定战场目标的距离、高度、地面坡度和角度的方法。调制要图是研究现地和利用地图调制要图的方法要领，包括测绘地形略图和标绘战术情况。像片判读是研究航空、航天像片判读的理论和实际问题。

军事地形学所研究的内容,都是围绕研究利用地形而选定的。随着现代战争的需要和军事测绘技术及其新成果的不断发展,特别是地图品种的增多,将为军事地形学增添新的内容。我们可以从当代海湾战争、科索沃战争和伊拉克战争中领会到,即使是现代高技术的战争,也没有降低对地形的研究和利用。本章主要研究的内容是:地形对作战行动的影响、地形图基本知识和现地使用地图。

第一节　地形对作战行动的影响

一、地形概述

(一)地形的概念

地形是地貌和地物的总称。地貌是指地球表面自然起伏的形态,如山地、丘陵、平原等;地物是指分布在地球表面上的人工建造或自然形成的固定性物体,如道路、房屋、河流、森林等。

(二)地形要素

任何一定范围的地形,都是由地貌和土质、居民地、交通网、水系、植被及其他独立的地物所构成的。如果将地貌和土质、居民地、交通网等称作地形要素,那么地形就是诸地形要素不等量的自然组合。

(三)地形分类

不同的地貌和地物的错综结合形成了各种不同类型的地形。依地貌所决定的起伏形态,可将地形分为山地、丘陵、平原和高原等。依地物的分布和土壤性质,可分为山林地、石灰岩、水网稻田地、沙漠戈壁、居民地、海岸岛屿、草原、沼泽地等。依对作战行动的影响,又可分为开阔地、隐蔽地和断绝地等。由于地形是不同地形要素的不等量结合,所以也可以根据地形要素来认识、区分地形。

二、地形研究的依据、内容和方法

(一)地形研究的依据

不同的地形及不同的地形要素,对作战行动的影响是不同的。地形制约、影响和利于作战行动的特性,称为地形的作战特性。军事地形学研究的依据就是地形的作战特性。

地形的作战特性可依据作战规模和作战级别,区分为地形的基本作战特性、地形的战术特性、地形的战役特性和地形的战略特性。地形对作战行动的影响从理论上说,必然从部队的机动、观察、射击、隐蔽、伪装、防护和工程构筑、通信、协同和指挥等方面反映出来,由此构成应用于作战实际的地形分析与地形利用和改造的基础。

(二)地形研究的内容

就目前而论,地形研究的内容包括如下几个方面:

(1)地形对机动条件的影响;

(2)地形对观察、射击条件的影响;

(3)地形对阵地编成和火器配置条件的影响;

(4)地形对工程构筑和隐蔽伪装条件的影响;

(5)地形对通信的影响;

(6)地形对防护条件的影响;

(7)地形对军兵种协同的影响;

(8)地形对部队生存的影响;

(9)地形对组织指挥的影响。

地形研究的内容是诸多方面的结合,应该根据本部(分)队的作战任务、性质、敌情、我情、装备器材等加以分析研究。

(三)地形研究的方法

随着军事高科技的发展,地形研究方法也增加了新的手段。包括以下几种方法:

(1)现地勘探和现地侦察研究地形;

(2)利用地形图、专题地图研究地形;

(3)利用航空、卫星图像研究地形；

(4)利用沙盘研究地形；

(5)利用电视显示系统研究地形；

(6)利用计算机研究地形。

此外，还可以通过情报以及兵要地志等方面来研究地形，而利用地形图是研究地形的基本方法。

在地形研究过程中，要充分发挥人的主观能动性，利用和改造地形，要掌握敌我双方的基本情况，包括兵力部署、火力配系、作战原则、技术兵器的战术技术性能等，做到有针对性、有目的性、有灵活性、有创造性地研究地形。

三、不同地形对作战行动的影响

军队的活动，都是在一定地形条件下进行的，都要受到地形条件的影响和制约。无论是进攻还是防御，在其他条件都具备的情况下，善于利用地形的，可以减少损失，取得战斗的胜利；否则，会给战斗增加困难，甚至遭受挫折或失败。

(一)平原地形对作战行动的影响

地面平坦宽广，海拔在200米以下，高差在50米以下，以坡度平缓、起伏很小的地貌为主的地区叫平原。其地形要素的特点是：河渠较密，水源丰富，水利设施较完善；居民地密集，经济发达；道路成网，交通便利，农田成片，森林覆盖较少，经济作物发达。考虑到地理环境时，我国可进一步分为南方平原地形和北方平原地形。

南方平原地形雨量充足，湖泊池塘较多，江河沟渠纵横，以水稻种植为主。这种平原地形也称为水网稻田地形。水网稻田地形虽平坦广阔，但由于河湖港汊横于稻田之间，除主干道路连接较大居民地外，次要道路等级较北方为低，故严重地影响大部队行动，特别是装甲部队的越野机动。守方一旦控制了交通枢纽、机场、港口、桥梁和重要居民地时，便切断了攻方可能的行动路线。故我国南方平原对作战行动的影响，是有利于防守而不利于进攻。

北方平原上旱地遍布，居民地比较集中且多形成密集街区，除干线公路外，简易公路以下等级的道路较南方的宽而且直，一般多可通行汽车，越野机动条件较好。除常年有水的大河以外，一般的河流仅雨季时有水，水渠分布较规则。田间道旁渠畔行树成荫，夏秋季节高秆作物具有一定的隐蔽性。因此，北方平原利于机动，便于装甲部队从行进间发起进攻。交通枢纽、道路交叉口、桥梁和居民地对控制对方的作战行动具有重要意义，往往成为敌我双方争夺的焦点。零散分布的小高地、土堆、土堤具有一定的制高和掩蔽作用，装甲车和其他战斗车辆暴露行驶的距离长，有利于反坦克武器及其他武器的瞄准射击。地表土质利于构筑工事，便于改造地形，限制对方机动，所以像我国北方平原这样的地形易攻而难守。

(二)山地地形对作战行动的影响

地表面起伏显著，群山错综连绵，高差在200米以上，坡度较大的地区叫山地。在这种地形上，地表岩层裸露或离地表很浅，起伏连绵，多绝壁悬崖，河谷深切，水流湍急；居民地多沿河谷分布，密集的大居民地稀少，道路网不发达，主要干线公路较平原、丘陵少且等级低，而且坡度、方向变化大；我国山地地形的植被覆盖率极不平衡，当在山地地貌上覆盖有森林时，则形成山林地形，在热带则形成热带山岳丛林。

山地障碍作用强，可以阻滞敌人，延缓敌人的进攻速度。利用绝壁陡坡、山隘峡谷可据壕坚守；层峦叠嶂、蜿蜒起伏，隐蔽条件好；居高临下，便于观察；山回路转，便于设伏，诱敌深入，围而聚歼；山地脉络相连，周密计划后，可为进、退之据点；为阻止进攻之敌可隐蔽迂回、穿插分割；在山地可以居高扼险，卡口制路，从而对敌实施阻、挡、击、歼。故有利于防御。

山地坡陡谷深，影响部队机动；峡谷关隘，桥梁渡口，瓶颈地带，是攻者必须警惕的陷阱地带；翻山越涧，道路崎岖，不利于机械化部队行动和展开；联络和机动受限，不利于围歼；进攻力量难以集中，有利于分散徒步轻骑，不利于协同作战。因而指挥不便，难以速决，故不利于进攻。

(三)丘陵地形对作战行动的影响

地表面起伏较缓，岗丘错综连绵，高差一般在200米以下的地区叫丘陵。丘陵地形是以丘陵地貌为主叠加其他各地形要素的地形。在丘陵地形上，高差、坡度较小，丘岗间谷地较宽，故障碍作用相对减小；居民多靠丘岗坡脚分布，沿道路、河流交叉处的居民地较大且较密集，道路较多且较平直；由于该地形宜农宜林，一般隐蔽作用好，便于伪装；丘岗间无明显脉络联系，观察射击条件较好；丘陵地形的水系随地理位置而异，位于我国南方时，河水丰沛，而位于北方时，河水则随季节而变化。

丘陵坡缓谷宽，道路较发达，便于机械化部队作战；障碍作用较山地小，利于穿插、迂回、分割；土层较厚，取材方便，易于筑城，而且具有较好的防御强度；丘岗间观察射击条件好，便于相互支援；阵地的坚韧性强，便于隐蔽和伪装，便于直射火器作超越射击，便于协同和指挥。所以丘陵地形宜于守，也宜于攻，是适合大兵团作战的地形。

以上分析的三种地形对作战行动的影响，为分析其他地形对作战行动的影响奠定了基础，如研究山林地地形对作战行动影响，只需在山地地形对作战行动影响的基础上考虑森林覆盖对作战行动的影响就可以了。山林地地形有利于部队隐蔽，但不利于判定方位，同时也影响通行、观察、射击、协同和指挥。它有利于防核、化学和生物武器的袭击，但容易引起火灾，滞留毒剂和放射性物质。

又如居民地地形建筑物密集，易于设置障碍；房屋参差错落，观察受限，不便发扬火力，不便于指挥；城市房屋密集，极易隐蔽、掩蔽；现代高层建筑，结构坚固，有一定的防护能力，但战时房屋易倒塌和起火燃烧；水管、煤气管道易破裂，容易引起水患、爆炸和中毒事件；城市便于组织立体防御，攻防均易形成巷战，战斗进程缓慢，常迫使进攻者增加兵力等。

再如沙漠戈壁地形植被极为稀少，视界、射界开阔，但却由于缺乏方位物而易迷失方向；土质疏松，影响通行，工事易滑塌；水源缺乏，昼夜温差大，影响部队的生存能力；沙漠地形对核、化学和生物武器的防护能力差，对消除放射性沾染和卫生处理有一定困难。

地形对作战行动有着广泛的、重要的影响，了解地形对作战行动的影响，可以自觉地趋地形之利，避地形之害，以便赢得战斗的胜利。

第二节 地形图基本知识

地形图是进行战场地形判断、拟定作战方案和组织实施作战不可或缺的工具。为便于正确识别和熟练使用地形图，本节介绍地形图的基本知识。

一、地形图概述

（一）地形图的概念

将地面的自然地理要素和社会经济要素，按一定的投影方法和比例关系，用规定的符号、颜色和注记，综合测绘于平面图纸上的图，称为地图。通常大于1∶100万比例尺的普通地图叫地形图。

地形图是按一定的比例尺表示地物、地貌平面位置、形状和高程的正射投影图。军用系列地形图有以下七种比例尺的地形图：1∶1万、1∶2.5万、1∶5万、1∶10万、1∶25万、1∶50万和1∶100万。

（二）地形图的分类和用途

依地形图所表现出的不同特征，对地形图所作的同类特征归并，叫地形图分类。分类是由使用和研究的目的所确定的。

1. 地形图的分类

（1）按地形图比例尺分类

按地形图比例尺分类，比例尺大于1∶5万（含）的地形图为大比例尺地形图；比例尺为1∶10万和1∶25万的地形图是中比例尺地形图；比例尺为1∶50万和1∶100万的地形图是小比例尺地形图。

（2）按地形图的用途分类

按地形图的用途可分为战术用图、战役用图和战略用图。

战术用图通常指1∶1万—1∶10万比例尺地形图。战役用图是指1∶10万—1∶25万比例尺地形图。战略用图是指小比例尺地形图。

2. 地形图的用途

1∶1 万、1∶2.5 万比例尺地形图为实测图，显示内容详细、准确。这类地形图是对重要城市、要塞、基地、重点设防地区和可能的预设战场进行测制，主要供团以下部（分）队研究地形和组织战斗时使用。另外，还用于国防工程设计和国家经济建设勘察、设计。

1∶5 万比例尺地形图也是实测图，是师、团两级组织训练和指挥作战的基本用图。在图上可以进行量测和计算，确定炮兵射击诸元。

1∶10 万比例尺地形图多数为编绘图，少数地区如草原、戈壁地区等，是经实地调查测绘的。这类地形图主要供装甲、机械化部队和师、集团军指挥机关组织战斗时使用，还可供炮兵射击、空降兵选定着陆场使用。它也是合成军队的基本用图。

1∶25 万、1∶50 万比例尺地形图主要供集团军以上的指挥机关拟定战役计划、研究兵力部署、指挥陆空大兵团协同作战时使用。

1∶100 万比例尺地形图主要供陆海空军及战略导弹部队在研究战役方向，进行战略、战役规划和部署战略、战役方面的作战任务时使用。

二、地形图比例尺

地形图的比例尺是说明该图所表示之地面被缩小的尺度。比例尺不仅是测图、编图的依据，而且也是用图时进行地面点的坐标量读和地面点间的距离量算以及图上距离与实地距离换算的依据。

（一）地形图比例尺的概念

地形图上某线段的长与相应实地水平距离之比，叫地形图比例尺。设图上线段长为 L，实地相应线段的水平距离为 D，则地形图的比例尺为：

$$L/D=1/M \tag{4.1}$$

式中，M 称为比例尺分母，表示缩小的倍率。为了明显地看出缩小的倍率，规定分子以 1 表示。

由(4.1)式容易看出，比例尺分母越大，其比值越小，说明比例尺越小；反之，M 越小，其比值越大，说明比例尺越大。比例尺大的一幅图所包含的实地面积要比比例尺小的一幅图所包含的实地面积小。比例尺越大，图上所显示的内容越详细；比例尺越小，图上所显示的内容越简略。

（二）比例尺的形式

地形图上有两种比例尺：数字比例尺和直线比例尺。

1．数字比例尺

数字比例尺是以数字显示比例关系的比例尺形式，以 1∶50000、1∶5万或$\frac{1}{50000}$、$\frac{1}{5万}$表示。数字比例尺的优点是比例关系明确，根据(4.1)式能方便地依比例尺进行图上长度或实地长度的计算。

2．直线比例尺

直线比例尺是将尺上的图上长，按比例尺关系直接注记成相应实地水平距离的比例尺形式（见图 4-1）。它由尺头和尺身组成。从 0 分划向左的部分为尺头，全长为 1 厘米，并将其等分为 10 个分划；从 0 分划向右的部分为尺身，1 厘米一个刻划。尺头的左端点按比例尺将图上长注记为实地的水平距离，以米为单位注记，尺身以实地水平距离按整公里数注记。

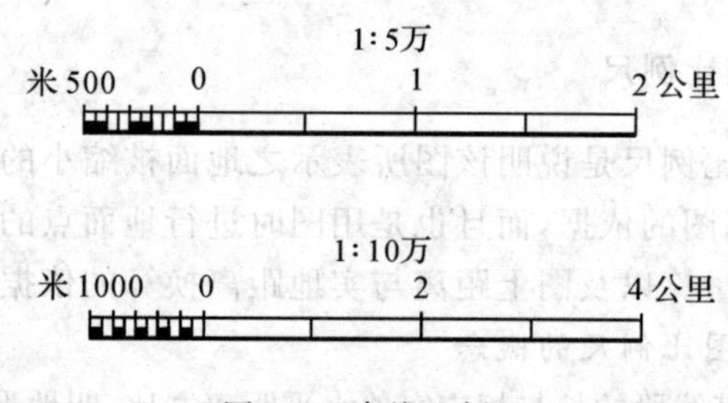

图 4-1　直线比例尺

（三）图上距离的量读

1．用直尺量读

用直尺量读距离时，首先对欲量线段的起终点作准确的标定。然后以直尺的 0 分划线对准图上线段之起点，以终点在直尺上的位置准确读数，最后按公式(4.1)计算其实地水平距离。

2．用两脚规在直线比例尺上比量

用直线比例尺量读距离时，先用两脚规量出两点间的距离，并根据此张度，再到直线比例尺上比量，即可直接读出两点间的实地水平距离。如图 4-2 中甲、乙两点间的实地水平距离为 1250 米。

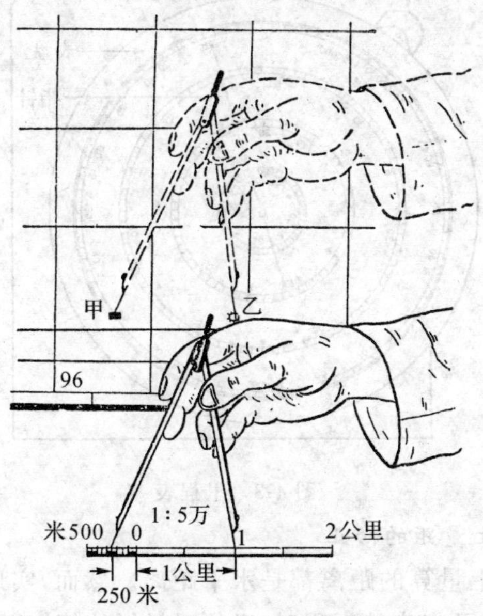

图 4-2 用两脚规量读距离

相反，如果已知实地水平距离而求图上长，可先以两脚规的一脚放在直线比例尺尺身的相应整公里分划上，再伸缩另一脚的张度，使其恰好落在尺头所相应的非整公里数值上，两脚规的张度即为图上长。由图 4-2 直线图知，实地水平距离为 1250 米时，比量后图上长为 2.5 厘米。

3. 用里程表量读

在图上量取较长的曲线距离时，使用指北针的里程表较为方便。里程表由表盘、指针及滚轮三部分组成。表盘按圆周分划，表盘的外分划圈上有 1：5 万和 1：10 万两种比例尺的数字注记，每个数字均表示相应实地距离的公里数，如图 4-3 所示。

量读时，先使指针归“0”，然后手持里程表，把滚轮放在起点上，沿所量线段并使指针按顺时针方向滚至终点，则指针在相应比例尺分划圈上所指的分划数，即为所求的实地距离。

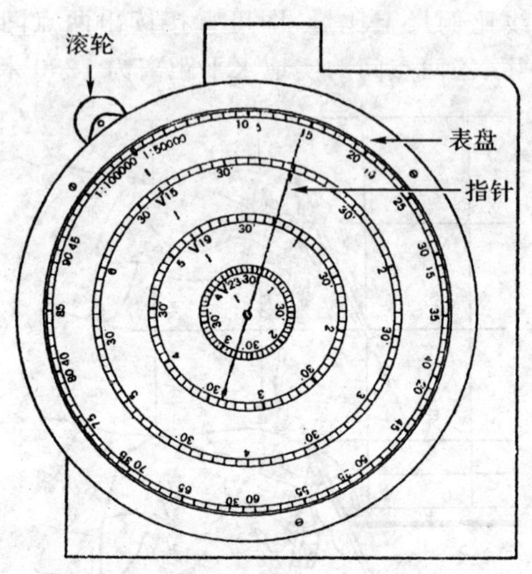

图 4-3　里程表

(四)对图上量距的修正

从地形图上量算的距离都是水平距离。然而,实地是有高低起伏的。当需要求取两点实地行程时,必须对量得的值加以修正。在军用图中,常用平均坡度修正法(如表 4-1)。设图上量得的水平距离为 D,实地距离为 S,修正系数为 X,则计算实地距离的公式是:

$$S=D+D\cdot X \tag{4.2}$$

表 4-1　坡度修正率表

坡度	修正系数	坡度	修正系数
0°—4°	3%	20°—24°	40%
5°—9°	10%	25°—29°	50%
10°—14°	20%	30°—34°	65%
15°—19°	30%	35°—40°	80%

例:从图上量得两点间的水平距离 $D=5$km,地面坡度为 12°,求实际地面距离。

解:从表 4-1 中查得坡度为 12°时的修正系数(20%)后,代入(4.2)

式得：

$$S=5+5\times20\%=6(\text{km})$$

即实际地面距离为 6km。

三、方位角和偏角

从某点的指北方向线起，依顺时针方向到目标方向线之间的水平夹角，叫方位角。

在作战、训练中，判定方位、标定方位、标定地图、指示目标、确定射向以及保持行进方向，都离不开方位角。

(一)方位角的种类

在地形图上，有三个方向(真北、磁北和坐标纵线北)可以作为指北的方向线。因此，从某点到某一目标，就有三种不同的方位角(见图 4-4)。

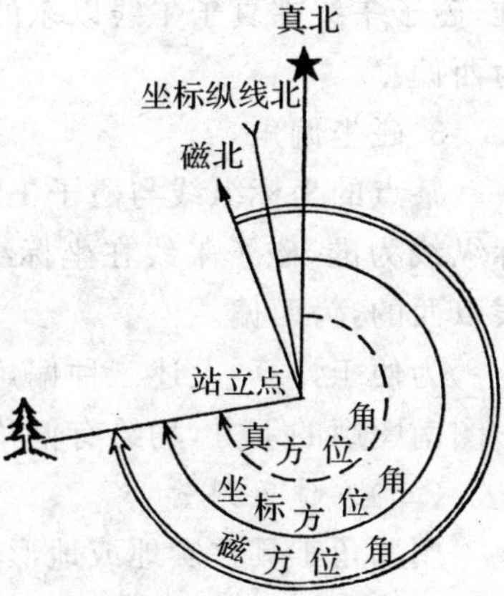

1. 真方位角

过地面上任意一点指向北极的方向线，叫真北方向线，即经线，也叫真子午线。从某点的真北方向线起，依顺时针方向到目标方向线间的水平夹角，叫该点的真方位角。通常在精密测量中使用。

图 4-4 方位角的种类

2. 坐标方位角

从某点的坐标北方向为基准，依顺时针方向到目标方向线间的水平角，叫该点的坐标方位角。炮兵一般使用较多，它不但便于从图上量取，而且可换算为磁方位角在现地使用。

3. 磁方位角

某点指向磁北极的方向线叫磁北方向线，也叫磁子午线。从某点的磁北方向线起，依顺时针方向到目标方向线间的水平夹角，叫该点的磁方位角。在航空、航海、炮兵射击、军队行进时都广泛使用。

（二）偏角

偏角是指三北方向中坐标北、磁北对于真北的夹角和磁北对于坐标北的夹角。

1. 坐标纵线偏角

某点的真子午线与坐标纵线间的夹角，叫坐标纵线偏角，又叫子午线收敛角。子午线收敛角以真北为准，坐标纵线在真子午线以东的，为东偏；坐标纵线在真子午线以西的，为西偏。距中央经线和赤道愈近，偏角愈小，反之偏角愈大，但最大的偏角不超过 3°。

2. 磁偏角

某点的真子午线与磁子午线间的夹角，叫磁偏角。以真子午线为准，磁子午线在真子午线以东的，为东偏；磁子午线在真子午线以西的，为西偏。

3. 磁坐偏角

某点的坐标纵线与磁子午线间的夹角，叫磁坐偏角。磁坐偏角以坐标纵线为准，磁子午线在坐标纵线以东的，为东偏；磁子午线在坐标纵线以西的，为西偏。

为便于计算，上述三种偏角都以东偏为正(＋)，西偏为负(－)。地形图南图廓的下方，均绘有偏角图。

（三）方位角测量

用测角工具在实地或地形图上测量方位的工作，叫方位角测量。简易测角工具有指北针、指挥尺和半圆量角器等。简易测量工具上通常刻用两种角度制：度和密位。在军事上多以密位表示。

书写密位时，应在密位的百位数和十位数之间加一短划线。例如 5、15、180、3160 密位就应记为 00-05、00-15、01-80、31-60。

1. 磁方位角测量

在地形图上测量磁方位角的方法如下：

首先在地形图上把自己的站立点和目标点判断出来，并连以直线。然后标定地形图，以指北针的直尺边切准图幅的平均磁子午线，然后转动地图，待指北针的北端指向表盘标志“北”字下的 0 分划时为止，此时地图已标定好。如图 4-5 所示。

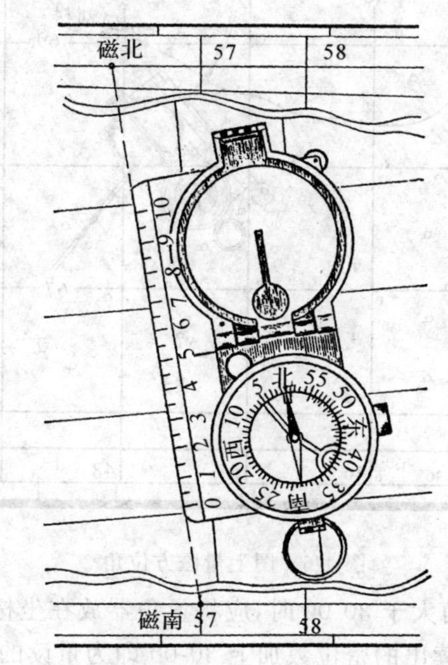

图 4-5　依磁子午线标定地图

保持地图方位不变，拿起指北针使指北针直尺切准土堆至刘村方向线上，待指针静止时读数，此读数即为图上所量得的磁方位角。图4-6中的磁方位角为 05-00。

2.用量角器在图上量读坐标方位角

如图 4-7 所示，量读三角点 171.4 高地至 162.6 高地的坐标方位角时，其方法为：

(1)将两高地连一直线。当连线长小于量角器之半径时，将连线延长。

(2)判出该连线与某一条坐标纵线的交点，使量角器的直线边与该坐标纵线重合，0 分划朝北，并使量角器的圆心与前述两线的交点重合。

(3)读出两点连线通过量角器边缘的分划数 17-40，即为 171.4 高地至 162.6 高地间的坐标方位角。

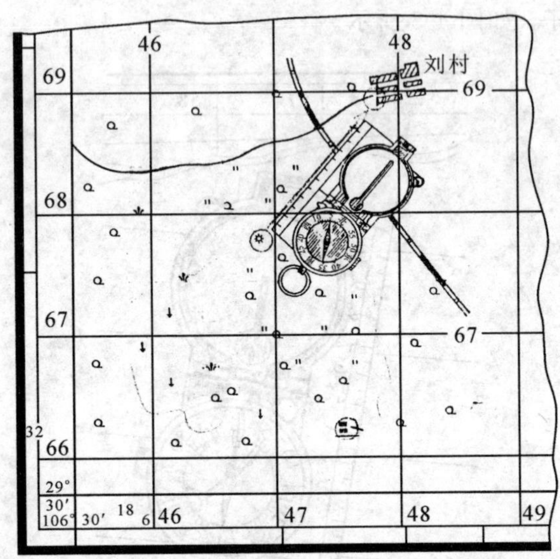

图 4-6　图上量磁方位角

当坐标方位角大于 30-00 时，应将量角器放在坐标纵线的左边，使 0 分划朝南，再将读出的密位数加上 30-00 即为量读的坐标方位角。

3. 坐标方位角和磁方位角的换算

坐标方位角＝磁方位角＋(±磁坐偏角)

磁方位角＝坐标方位角－(±磁坐偏角)

计算中，当两个角度相加大于 60-00 时，应减去 60-00；若小角度减大角度时，应加上 60-00，再与大角度相减。

四、地物符号

地面上的地物，在地图上是用统一规定的符号结合注记表示的，这些符号称为地物符号。

(一)地物符号的图形

地物符号的图形，多数是按地物的平面形状绘制的，如居民地、公路、桥梁等符号的图形与实地地物的平面轮廓相似。有的是按地物的侧

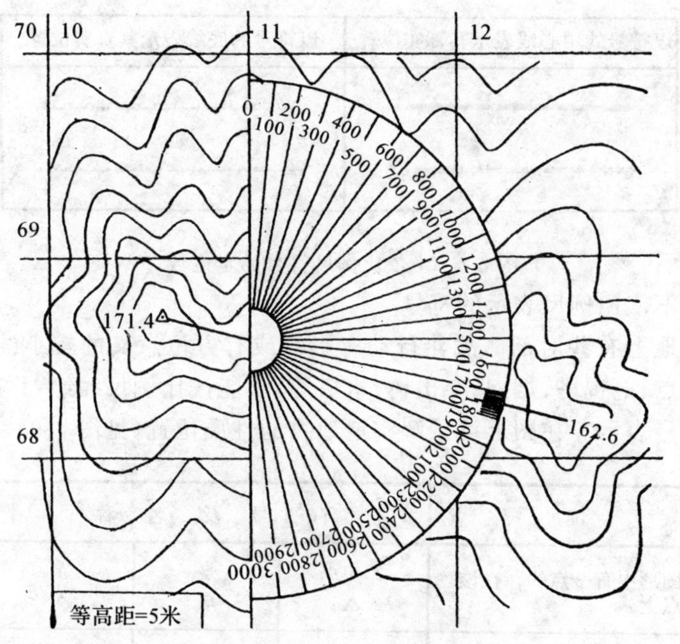

图 4-7　坐标方位角的量读

面形状绘制的，如突出树、烟囱、水塔等。还有少数符号是按地物的有关意义绘制的，如气象台、变电所等。根据符号的图形，可以联想它所表示的实地地物。

（二）符号的分类

1．依比例尺表示的符号

实地面积较大的地物，如居民地的街区、森林、大的江河、湖泊等，其外部轮廓是按比例尺表示的。在图上可了解其分布和形状，量算其相应实地的长、宽和面积。

2．半依比例尺表示的符号

实地上的线状地物，如铁路、公路、缆车道、架空索道、水渠、土堤等，其长度是按比例尺表示的，而宽度不能按比例尺表示。在图上只能量取其相应实地的长度，而不能量取其宽度和面积（见图 4-8）。

以符号的中心线表示其真实位置	以符号的底线表示其真实位置
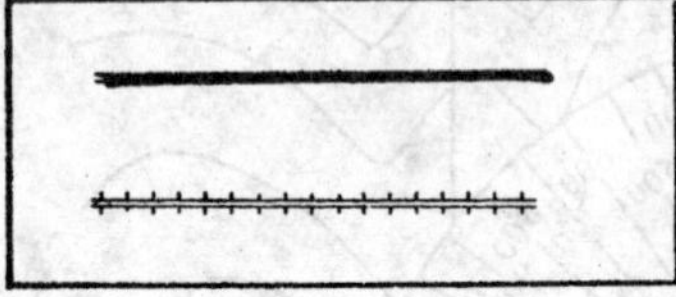	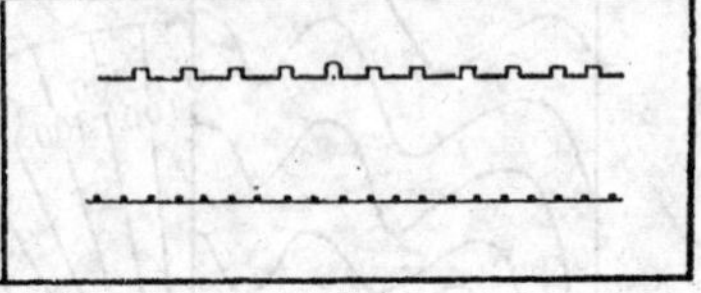

图 4-8 半依比例尺符号的定位数

3. 不依比例尺表示的符号

实地上有些对部队战斗行动有影响或有方位意义的较小的地物，如三角点、电视塔、烟囱、突出树、水塔等，不能按比例尺缩绘，只能用规定的符号表示。在图上可了解实地地物的性质位置(见图 4-9)。

定位点	符号及名称		
图形中有一点的，在该点上	三角点	亭	窑
几何图形，在图形的中心	油库	独立房屋	发电厂
底部宽大的，在底部中点	水塔	气象站	碑
底部为直角的，在直角的顶点	路标	突出阔叶树	突出针叶树
两个图形组成的，在下方图形的中心	变电所	散热塔 散热	石油井 油

图 4-9 不依比例尺符号的定位点

(三)对地物符号的规定

为使地物符号易读、易辨，且具有理解的惟一性，测量上对其作了统一规定。

1. 定位规定

定位规定是指以符号的特定性来代表地物在图上的中心点或中心线,是测图和用图的依据。如半依比例尺表示的线状地物符号定位线规定,如图 4-8 所示。测量控制点和独立地物符号定位点规定,如图 4-9 所示。

2. 方向规定

对于不依比例尺的图上定向的规定,叫符号的方向规定。符号的方向规定分为垂直于南图廓描绘的符号、按真实方向描绘的符号和变向符号三类。

3. 颜色规定

颜色规定依地面上地物的自然颜色经抽象后的概括分类规定。黑色表示人工地物和部分自然地物,如居民地、道路、独立石、桥梁等。蓝色表示与水、冰雪有关的地物,如河湖、水库和雪山地貌中的冰川等。绿色表示与植被有关的地物,如森林、灌木丛的普染。棕色表示地貌与土质有关的内容。为保证用色的系统性,在注记中亦应遵守上述规定。

(四)注记

注记是用文字和数字来补充说明各种符号还不能表示的内容。如居民地、江河和山的名称,森林的种类,公路的质量等,可用文字注记;山的高程,河宽,水深,桥梁的长、宽和载重量等,可用数字注记。

五、地貌判读

(一)等高线显示地貌

1. 等高线显示地貌的原理

由高程相等的各点连接而成的曲线,叫等高线。设想将一座山从底到顶按相等的高度,一层一层地水平切开,在山的表面便形成若干大小不同的截口线,再把这些截口线垂直投影到一个水平面上,形成一圈套一圈的等高线图形,即显示出该山的形态,如图 4-10 所示。地形图就是根据这个原理以等高线显示地貌的。

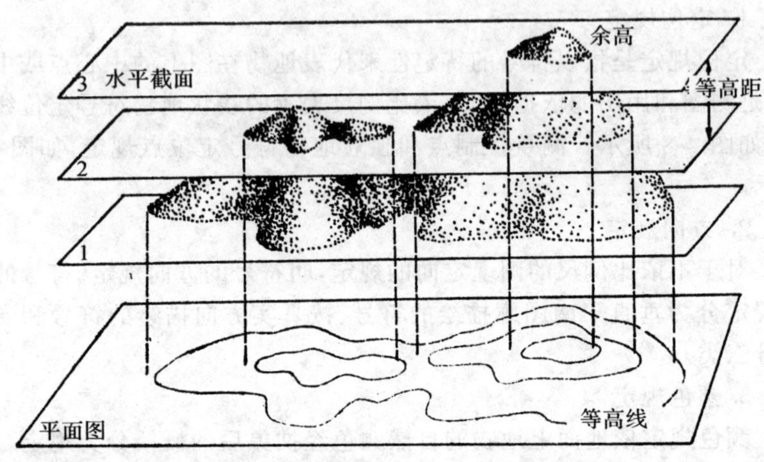

图 4-10　等高线显示地貌的原理

2. 等高线显示地貌的特点

(1)在同一条等高线上各点的高度相等,并各自闭合。

(2)在同一幅地图上,等高线多,山就高,等高线少,山就低。

(3)在同一幅地图上,等高线间隔大的,坡度缓,等高线间隔小的,坡度陡。

(4)图上等高线的弯曲形状和相应实地地貌的形状相似。

3. 等高距的规定

地形图上相邻两等高线水平截面间的垂直距离叫等高距,如图4-10所示。等高距的规定如表4-2所示。

表 4-2　基本等高距的规定

地形图比例尺	1∶2.5万	1∶5万	1∶10万	1∶25万
等高距	5米	10米	20米	50米

由表4-2可见,等高距的大小,决定着地貌显示的详细程度。等高距愈小,显示地貌愈细,反之则愈简略。

4. 等高线的种类

等高线根据其作用的不同，分为四种(见图 4-11)。

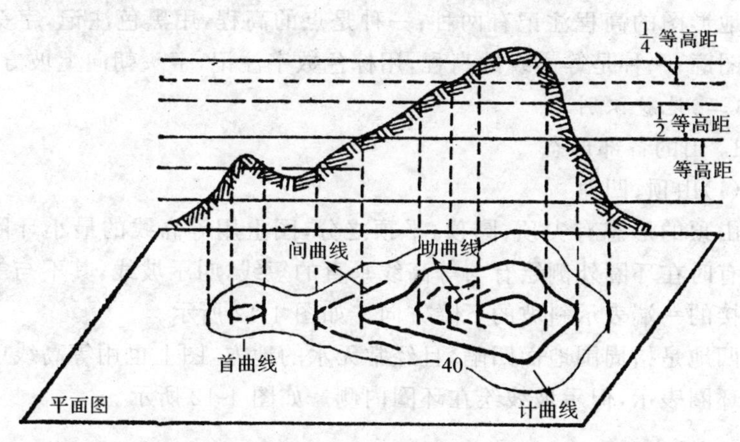

图 4-11 等高线的种类

(1)首曲线(基本等高线)，按规定的等高距测绘的细实线，用来显示地貌的基本形态。

(2)间曲线(半距等高线)，按二分之一基本等高距测绘的长虚线，用来显示首曲线不能表示的局部地貌。

(3)助曲线(辅助等高线)，按四分之一等高距测绘的短虚线，用来显示间曲线不能表示的局部地貌。

(4)计曲线(加粗等高线)，主要为了便于在图上计算高程。从高程起算面起，每隔 4 条首曲线而描绘的粗实线叫计曲线。

5. 高程起算和注记

1987 年前，我国采用青岛验潮站 1950—1956 年观测数据计算的黄海平均海水面为全国高程起算的基准面。为了保证用图需要，国家又根据青岛验潮站 1952—1979 年的验潮资料进行了计算，确定了新的黄海平均海水面的位置，并于 1985 年决定，自 1988 年起，以新的黄海平均海水面作为全国高程起算的基准面，并称此为“1985 年国家高程基准”。它较原平均海水面提高了 29 毫米。

从平均海水面起算的高程叫真高，也叫海拔。两点间高程之差叫高差。

地形图的高程注记有两种：一种是点的高程，用黑色注记，字头朝向北图廓；一种是等高线的高程，用棕色数字注记，字头朝向上坡方向。

（二）地貌识别

1. 山的各部形态

（1）山顶、凹地

山顶的形态有尖顶、圆顶、平顶之分，图上用等高线的最小环圈表示。有时在环圈外侧绘有与等高线垂直的短线，叫示坡线，其不与等高线连接的一端表示斜坡的下降方向。如图 4-12 所示。

凹地是指周围地面凹陷，且经常无水的地方，图上也用等高线中最小的环圈表示，但示坡线绘在环圈内侧。如图 4-12 所示。

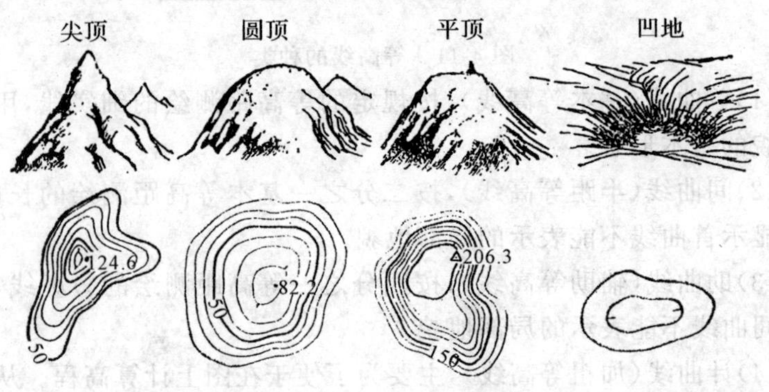

图 4-12　山顶和凹地

（2）山背、山谷

山背是从山脚到山顶的凸起部分，图上以山顶为准，等高线向外凸出部分表示山背。各等高线凸出部分顶点的连线为分水线。如图4-13所示。

山谷是相邻两山背间的低凹部分，图上以山顶为准，等高线向里凹入的部分表示山谷。各等高线凹入部分顶点的连线为合水线。如图4-13所示。

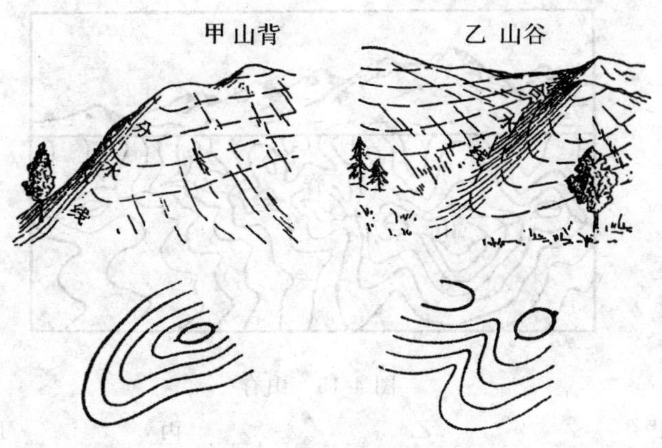

4-13　山背和山谷

(3)鞍部、山脊

鞍部是两个山顶间形如马鞍状的部分,图上用一对表示山背和一对表示山谷的等高线显示。如图 4-14 所示。

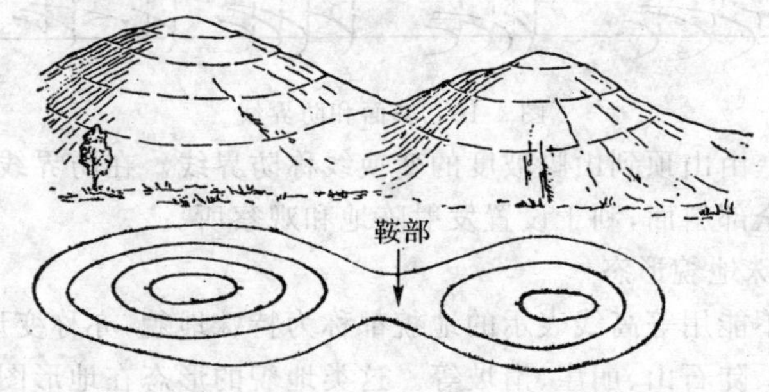

图 4-14　鞍部

山脊是由若干相邻山顶、鞍部连接的凸棱部分,山脊的最高棱线为山脊线。如图 4-15 所示。

2. 斜面与防界线

斜面是从山顶到山脚的倾斜坡面,军事上把朝向敌方的斜面叫反斜面,背向敌方的斜面叫正斜面。按断面的形状可将斜面分为等齐斜面、凸形斜面、凹形斜面和波状斜面,如图 4-16 所示。

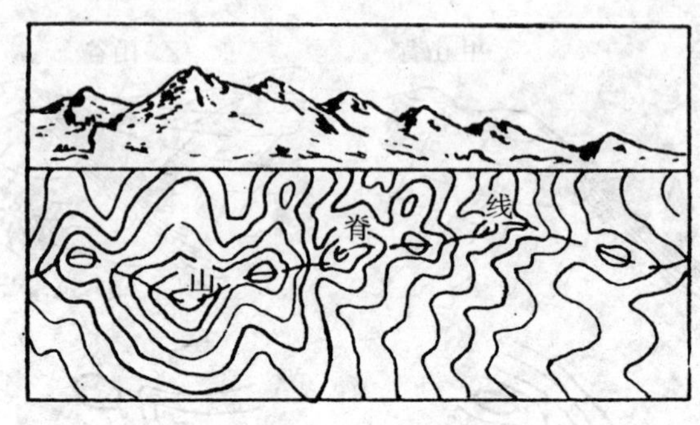

图 4-15 山脊

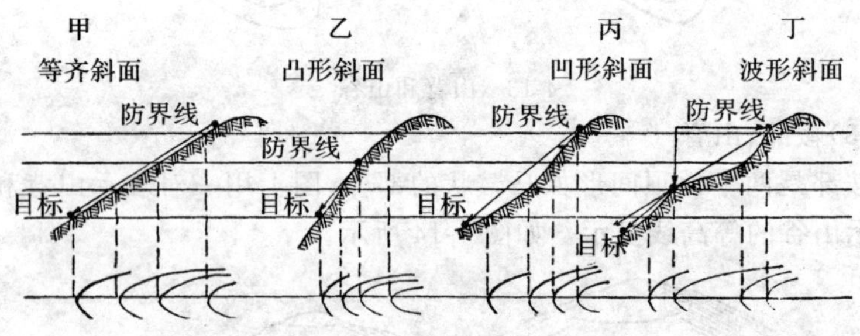

图 4-16 斜面和防界线

斜面上由山顶到山脚坡度的变换线称防界线。在防界线上能展望其下方的全部斜面，利于设置发射阵地和观察所。

3. 特殊地貌形态

凡是不能用等高线表示的地貌都称为特殊地貌，亦称变形地貌，如冲沟、陡崖、陡石山、崩崖、滑坡等。这类地貌的形态在地形图上用特殊地貌符号表示，如图 4-17 所示。

（三）高程、起伏和坡度的判定

1. 高程和高差的判定

首先根据等高距、高程的高程注记和等高线高程注记，查明目标点两侧相邻等高线的高程，然后根据目标点与该两条等高线的关系位置，按比例估计目标点的高程。高差是两点高程之差。

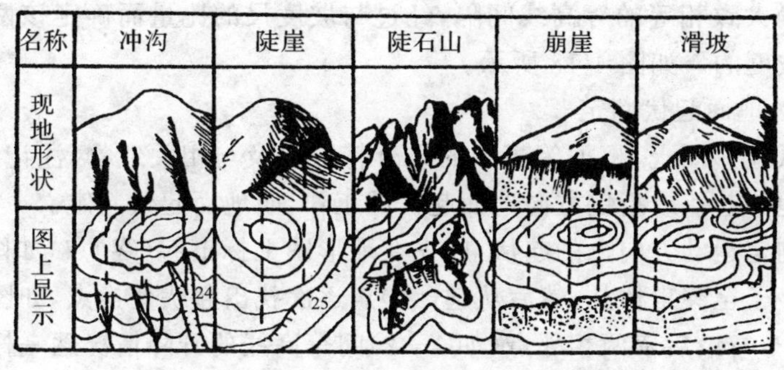

图 4-17　变形地貌符号

2. 坡度判定

坡度是地表面相对于水平面的倾斜程度。地形图上印有坡度尺。坡度尺是根据坡度越大(小),则相邻等高线间的水平间隔越小(大)的原理按比例制作的。坡度判定是根据两脚规截取图上任意相邻 2 条或 6

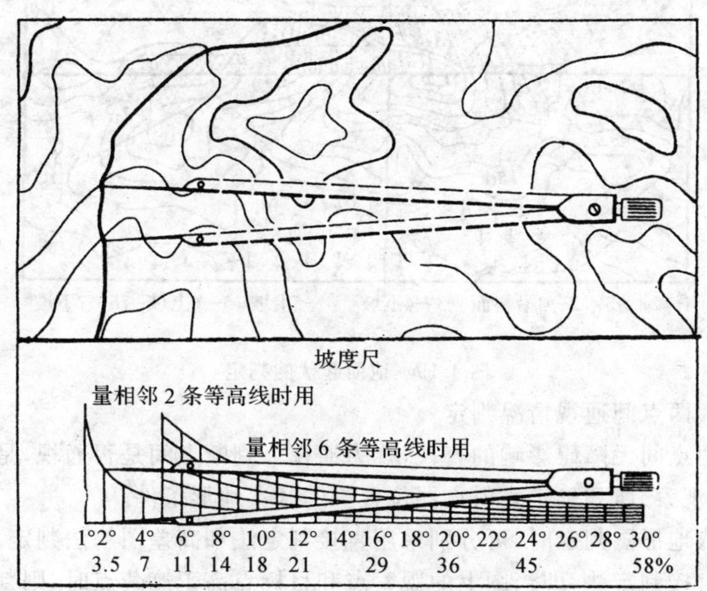

图 4-18　用坡度尺量坡度

条间隔大致相等的等高线间隔，经过与坡度尺的比量而确定该两点的地面坡度的。如图 4-18 所示。

3. 地面起伏判定

从地形图上，根据等高线的组合特征以及与相关地物、注记，判断实地地势起伏或指定方向地面起伏的工作，叫地面起伏判定。

判定运动方向上的起伏，应先在地形图上标出起(终)点，如图4-19中的亭子至突出树丛；然后从起(终)点逐次找出起伏变换点，如图中的2，3，…，6；最后依两相邻点(如 1—2)间等高线的升降情况逐一标出或记下。例如，图中 1—2 为上坡；2—3 为基本沿水平路线走；3—4 为下坡，并涉河；4—5 为上坡；5—6 继续为上坡；6—7 为下坡。

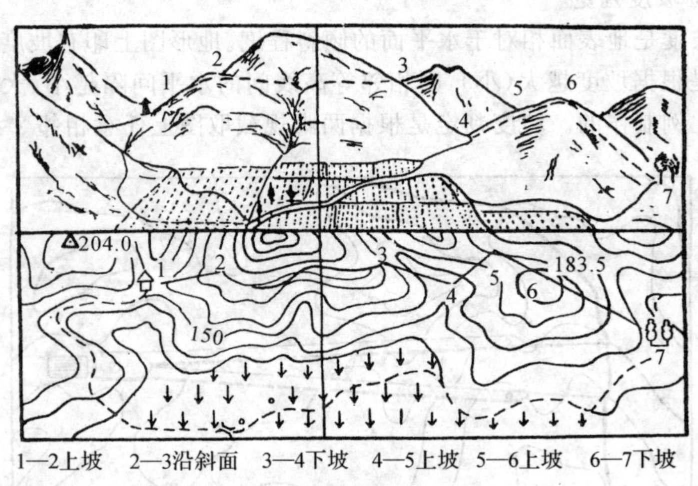

图 4-19　地面起伏的判定

4. 两点间通视情况判定

两点间无障碍影响的直视，称为通视。判断点间是否通视，是选择指挥(观察)所和确定直射火器位置等的基本地形条件。

依地形图判定时，可分别采用直接判定法和高差图解法判定。

直接判定法，即当图上的观察点和目标点高于遮蔽点时，则判断能互相通视。如遮蔽点与较低点同高时，也能通视。如遮蔽点高于观察点和目标点，或与较高点同高时，则判断不能通视。

当遮蔽点的高程介于观察点和目标点之间时，不易判定能否通视，此时可采用高差图解法判定，现以图 4-20 为例：

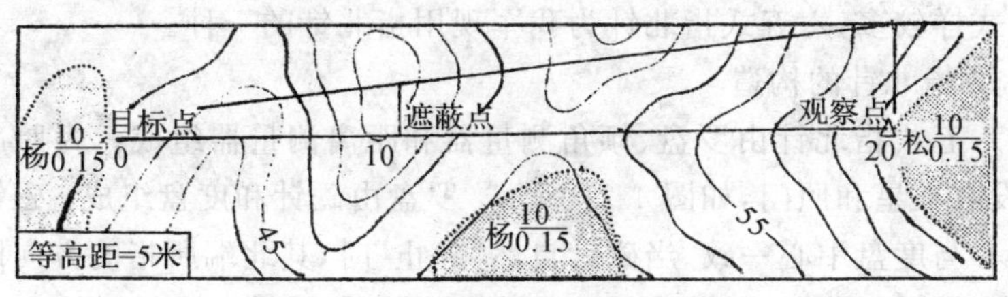

图 4-20　高差图解法判定通视情况

(1)从观察点至目标点划一直线(观察线)，找出遮蔽点，并分别判明观察点的高程为 70 米，遮蔽点的高程为 60 米，目标点的高程为 50 米。

(2)以最低的目标点为零，求出与遮蔽点的高差为 10 米，与观察点的高差为 20 米。

(3)从遮蔽点和观察点分别向上作垂线，如以 1 毫米相当于高程 2 米，则遮蔽点和观察点的垂线长应分别为 5 毫米、10 毫米。

(4)通过两垂线的顶点连一直线(即展望线)，目标点在之下，所以不能通视。

第三节　现地使用地图

在军事活动中，地形图的使用是指利用地形图所进行的判读、量算、行进、组织计划、作战指挥和分析评估等工作。本节主要叙述判定方位、标定地图、现地对照地形和现地使用地形图等内容。

一、现地判定方位

现地判定方位，就是辨明东、南、西、北方向，明确周围地形和敌我关系位置，以实施正确的指挥和行动。

（一）利用指北针判定方位

指北针是利用磁针在磁场作用下具有确定指向的特性制成的一种简单定向仪器。它集定向、测角和测距于一体，简单、轻便、实用。指北针的式样较多，六五式指北针为我军现用指北针的一种。

1. 指北针的构造

六五式指北针由罗盘、倾角测量器和距离测量器组成。为照准目标，设有准星和照门，如图 4-21 所示。罗盘由磁针和度盘组成。磁针旋转中心与度盘中心一致。当磁针自然“静止”时，其北端所指的方向即为磁北方向，度盘按 360 度制和 6000 密位制同时刻划，沿逆时针方向注记刻度值，以便能直接地读出磁方位角。度角内圆按密位制注记，外圆按 360 度制注记。磁针“静止”时，其北端与度盘零分划线重合，其南端与 30-00 密位即 180°分划线重合。倾角测量器由位于罗盘内的一个角

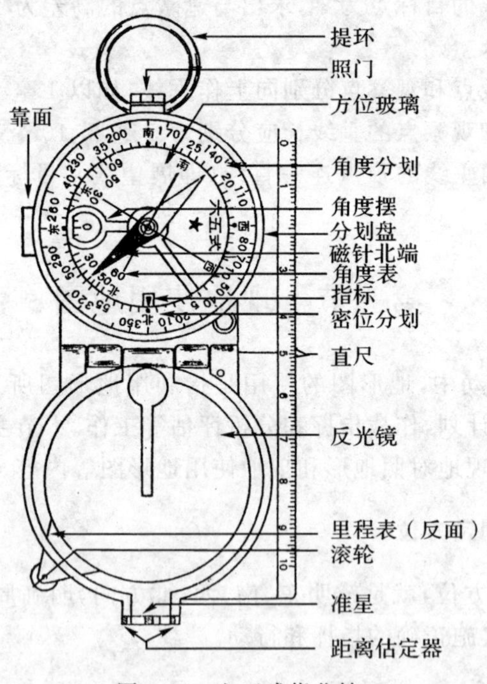

图 4-21　六五式指北针

度分划表和一个角度摆组成。当把指北针侧持(直尺边向上)至垂直位置时,角度摆借重力而处于自然下垂的状态,当指北针的照门—准星连线或指北针直尺边与地表面平行时,根据角度摆中间缺口在角度表上所处的位置即可读得被测点处地面的倾斜角,即坡度。

距离测量由距离估定器和里程表两部分组成。距离估定器用来在现地估测两点间的距离,而里程表则用来从地形图上测量距离(见本章第二节)。

2. 利用指北针判定方位

判定方位时,将指北针平放,待磁针稳定后,磁针涂有夜光剂的一端(或黑色尖端)所指的方向,就是现地的磁北方向。

使用时,应注意避开磁性物体。使用前应检查磁针是否灵敏。

(二)利用天体判定方位

1. 利用太阳判定方位

(1)利用太阳出没时刻的位置判定方位

利用太阳早出于东而夕落于西的规律判定方位,是晴天白昼判定方位最便利的方法。其实,太阳出于正东,落于正西,在一年中只有春分日(3 月 21 日)和秋分日(9 月 23 日)两天。在我国,大体上说,春、秋季,太阳出于东方,落于西方;夏季,太阳出于东偏北,落于西偏北;冬季太阳出于东偏南而落于西偏南。据此,就能概略地判定东、西、南、北方位。

(2)利用太阳结合时表判定方位

利用太阳结合时表判定方位,是白天常用的判定方位的一种方法。一般来说,在当地时间 6 时左右,太阳升起于东方,12 时位于正南方,18 时左右落于西方。判定方位时将手表持平,以当地地方时之半处的表盘分划与手表中心之连线对向太阳,此时表盘中心至“12”连线延长方向便为当地的北方向。利用太阳结合时表判定方位的方法,用一句话来概括就是:“当地时间折半对太阳,12 字头指北方。”如图 4-22 所示。

举例如下:①改北京时间(标准时)为当地地方时。②时间折半对准太阳。图中时间折半后为 7 时 20 分;在表盘上“7”字后大约 1/3 处立一细物,并使表盘的此处对着太阳,且使小细物的阴影通过表盘中心。

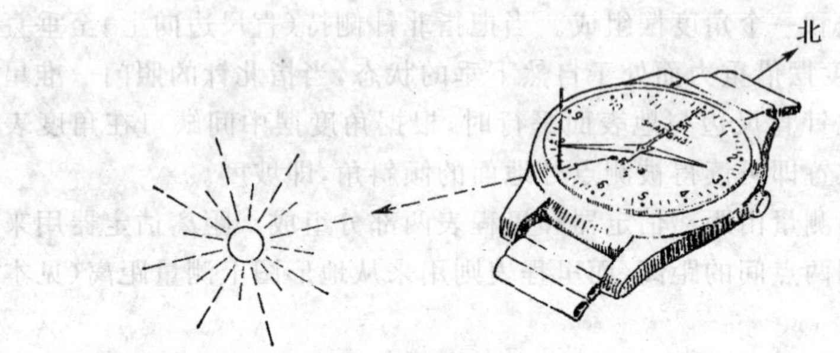

图 4-22　利用太阳和时表判定方位

③看此时“12”字头所对的方向即当地北方。

使用此法时应注意,时间以 24 小时制。在北纬 23°26′(北回归线)以南的地区,夏季中午时,太阳偏于天顶以北,故此季节不宜采用此法。

2. 利用北极星判定方位

利用北极星判定方位,是晴朗之夜概略判定方位的简便方法。北极星大约位于地轴向北延伸的方向线上,在北方星空,它的位置可认为不变,故可用来判定方位。

北极星位于小熊星座中的尾端,它和大熊星座(即北斗七星,俗称勺子星)、仙后星座的关系位置如图 4-23 所示。北极星的位置可根据大熊星座或仙后星座寻找。

大熊星座主要由七颗明亮的星组成,它像一把勺子。将勺端甲、乙两星的连线向勺口方向延长,约在两星间隔的 5 倍处,有一颗较亮的星就是北极星。仙后星座主要由五颗明亮的星组成,形状像“W”,在缺口方向约为缺口宽度的 2 倍处,也可找到北极星。面向北极星正前方就是正北方向。

(三)利用自然特征判定方位

利用自然特征判定方位是指根据某些具有方向标示性的地物、地貌及某些现象来判定方位。

我国北方地区农村民房的正门,多朝南开,古代庙宇、宝塔均坐北朝南,据此可以判定当地方向。在我国西北干旱地区,由于定向风长期

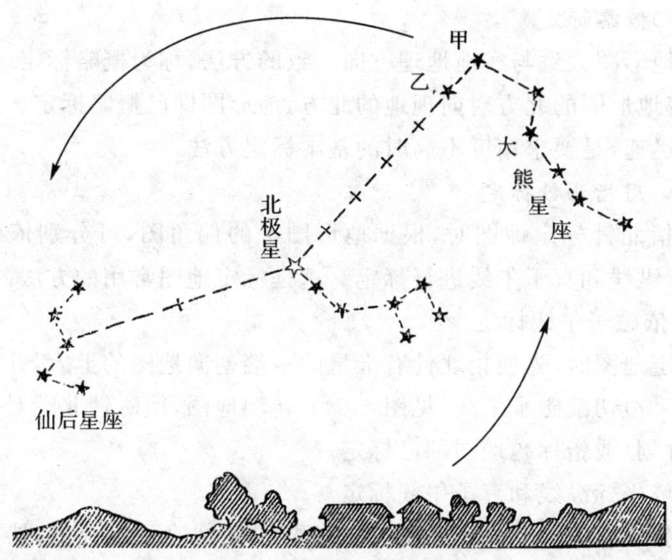

图 4-23　利用北极星判定方位

作用于地表面，在地面上形成了许多风蚀残丘地，借此也可以判定方向。在南方潮湿地区，常见向阳面的土堤、高坡较干燥，无青苔生长，而背阳面却长满青苔，借此亦能大概地判定方位。许多工厂，为了保证厂房内的光照条件而又避免阳光直射，将厂房建为锯齿状房顶，窗子向北，例如纺织厂、印染厂等，也可作为判别方向的依据。

此外，利用不同植物喜阴喜阳的特性，也可以在山林地判定方位。当到达一个生疏地方时，及时向当地居民询问方向也是十分方便的，但战时对敌方居民的询问应当慎重，不可轻信。

二、现地标定地图

实现地形图与实地地理方向一致的过程，称为现地标定地图。根据地形图与实地的相似特性和平面几何学可知，为使地形图平面与实地平面方向一致，只要使两平面上任意一对相应方向线方向一致即可。根据这一原理，结合不同需要和实地情况，有以下标定地图的方法。

(一)概略标定

使地形图大致与实地地理方向一致的方法,称为概略标定。判定方向后,将地形图的北方对向现地的北方,地形图即已概略标定。这种方法简便迅速,是要求精度不高时的基本标定方法。

(二)用指北针标定

用指北针标定地图时,根据地形图上的偏角图,可分别依磁子午线、坐标纵线和真子午线进行标定。这是标定地图常用的方法。

1. 依磁子午线标定

标定地图时,先使指北针有准星的一端朝向地图的上方,并使指北针的直尺边切准磁子午线(见图 4-5)。转动地图,使磁针北端对准度盘的“0”分划(或指标),地图即已标定。

2. 依坐标纵线和真子午线标定

将指北针直尺边分别切在任意坐标纵线或真子午线上,然后转动地图,使磁针指向偏角图中偏角相应的密位上,地图方位即已标定,但要注意偏角的正负(见图 4-24)。

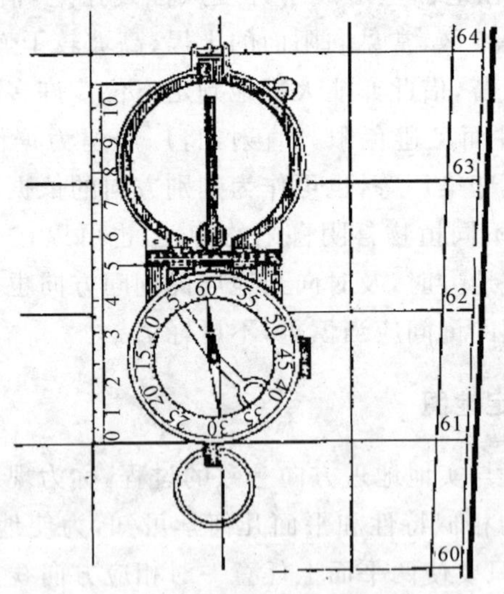

图 4-24 依坐标纵线标定地图

由于指北针的读数精度为＋1°(即＋17 密位)，故当偏角图中的各偏角值小于该值时，可忽略磁北、坐标北和真北三者间的差别，标定地图时将边尺切于三个方向中的任一方向线上，转动地图，直至磁针归 0 即可。

(三)依已知线段标定

实地沿直线延伸的地物(如路段、沟渠、土堤等)，在地图上的相应符号亦为直线。按标定地图的原理可知，只要使图上线段与实地保持方向一致，地图即已标定。

方法是：先使地图与现地的关系位置概略一致(应防止转向，即方向相差 180°)，再转动地图，使图上的直线地物符号与现地相应地物方向一致(平行或重合)，地图即已标定。如图 4-25 所示。

图 4-25　依直长路段标定地图

直线地物可以抽象为两点连接的线段。因此，当实地和图上均有两个明显地形点时(见图 4-26 中的土堆和突出树)，两点连线也是已知线段。使图上这两点连线的延长线，既通过土堆，又照准突出树，地图方位即已标定。

图 4-26　依明显地形点标定地图

三、现地对照地形

现地对照地形,就是把地图上的地形符号与现地的地物、地貌进行对应判读的过程。对照的目的,在于明确周围地形和敌我关系位置,以保障实施正确的指挥。

(一)现地对照地形的要求与基本过程

通过将地形图与现地进行对照,要求达到:现地与图上都有的地形目标明确其对应关系;现地有而图上没有的目标能确定其图上位置;图上有而现地没有的目标能确定其在现地的原来位置。

现地对照训练中,应对基础能力加强练习:

(1)一是恰当地选择现地对照站立点的能力。现地对照的站立点应是较高、便于观察并便于确定其图上位置的地点。

(2)二是地图判读能力。指在地形图上判读出现地对照所需地形要素符号的属性、特征与定位信息的能力。

(3)三是观察地形的能力。指能在实地通过观察对照地图的地形,看出与现地对照有关的各种信息的能力。

(4)四是简易测量的能力。指在现地目测或利用指北针、望远镜、直尺、三角板等简易测量工具,快速测定距离、角度、高差的能力。

由现地对照地形的概念可知,地形图与现地对照是贯穿于现地用图全过程的一项基本操作。现地用图是一个渐进过程，因此在每一点的现地对照前，通过前一点的现地对照应明确用图者所处的大致地理范围。

(二)现地对照中应注意的问题

1. 要有比例尺概念

地形图是根据比例尺，经过综合取舍而绘制的，比例尺愈小，舍的愈多，表示愈概略。因此，一些小的地形细部(如小山背、小山谷、小河弯、小路弯等)，在图上可能找不到。比例尺概念还决定着现地对照的距离概念，要清楚地了解图上距离与实地距离的对应关系，具备在实地简易估测距离的能力，这样才能迅速地实施现地对照。

2. 注意地形要素的分布规律及其相互关系

各地形要素的分布是有一定规律的，各要素间在空间分布上有着相互制约的关系。地貌和水系是构成的基础，其他地形要素是由人类活动而形成或受人类活动影响而变化的。因此，居民地通常依山傍水建立，道路管线连接着居民地，桥梁位于河流与道路、道路与道路的交汇处，水库与上游的河流、下游的沟渠相联系，独立地物一般离居民地不远且在道路两侧等等。

3. 要有发展变化的观念

由于地形图的测制要有一个过程，因此图上表示的内容总是滞后于现地地形，滞后的程度说明了地形图的现实性程度。地形变化的一般规律是：地物变化大，地貌变化小；城市、郊区变化大，农村地区变化小。

4. 充分利用等高线的特点和其等高特征

现地对照中，除应充分利用地形图图形与实地地形在平面上的相似特征外，还应注意利用等高线的等高特征。在山地、丘陵地对照时，注意对实地高差的观察，对等高线在实地走向的观察，并与图上的高差、等高线形状进行比较，在缺乏其他地形要素时，可收到良好的效果。

四、现地判定点位

点位是指用图者在现地站立的地点和他所关心的其他点。用图者在现地所在地点称为站立点，站立点以外用图者所关心的点称为目标点。现地判定点位是指通过地形图与现地的对照，采用根据点位判定原理结合不同实际情况所派生出来的各种点位判定方法，判定站立点、目标点在图上位置以及判定图上点在实地的位置。

(一)判定站立点在图上的位置

判定站立点在图上的位置是现地用图的基础。

1. 目估比较法

目估比较法是根据站立点与已知点间由方向、距离、高差所构成的相互关系，在图上和实地间，通过目估比较，确定站立点图上位置的方法。

站立点在明显地形点上时，从图上找到该地形点的符号，即是站立点在图上的位置。

站立点在已知点附近时，可先标定地图，根据站立点与已知点在现地与由方向、距离和高差所构成的图形关系，对照已知点在图上所构成的图形关系，通过目估比较即可判定站立点的图上位置，如图 4-27 所示。

图 4-27　目估比较法判定站立点

2. 后方交会法

交会法是在站立点上，根据交会定点原理交会出站立点图上位置的方法。

(1)标定地图。用指北针标定地图，一经标定，地图方位就不允许再变动。

(2)绘方向线。用指北针的直尺或三棱尺的一边切准图上甲山顶定位点并照准实地此山顶，沿直尺边向站立点方向画一直线；再将直尺切准图上的居民地符号，并照准实地相应居民地乙，沿直尺向站立点方向画一直线。此两直线的交点，即站立点在图上的位置，如图 4-28 所示。

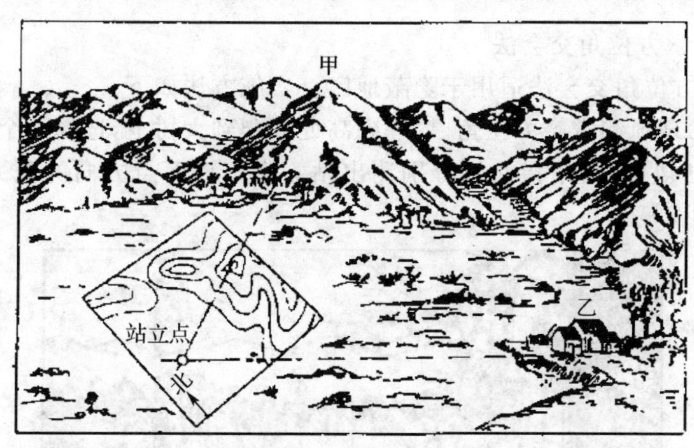

图 4-28　后方交会法

(3)检查交会结果。另选一已知点，依(2)法作已知方向线，当三条方向线交于一点时，证明所判站立点无误。

3. 截线法

当站立点位于已知线状地物上时(如图 4-29 中站立点在直线路段上)，图上的线状地物符号，即为已知线段。根据交会法原理，只需再作出一条方向线即可确定站立点。它是后方交会法的一种特殊形式，也称为侧方交会法。

图 4-29 截线法确定站立点

4. 磁方位角交会法

磁方位角交会法适用于隐蔽地区。实施方法如下：

(1)现地测定磁方位角。攀登到高处或爬到大树上，选择两个(至少两个)已知点，利用指北针分别测出站立点至该两点方向的磁方位角(见图 4-30)。

图 4-30 磁方位角交会法

现地测定磁方位角的方法是：面向目标，并使反光镜略成45°。手持指北针至眼前，由照门经准星向目标瞄准，待磁针静止后，看反光镜，转动方位玻璃框，使玻璃上的“北”字（或用夜光剂作标志）与磁针北端对齐。放下指北针，通过指标读出角度分划盘上的角度值，即为站立点至目标方向的磁方位角（见图4-31）。

（2）标定地图。在站立点上，利用指北针标定。

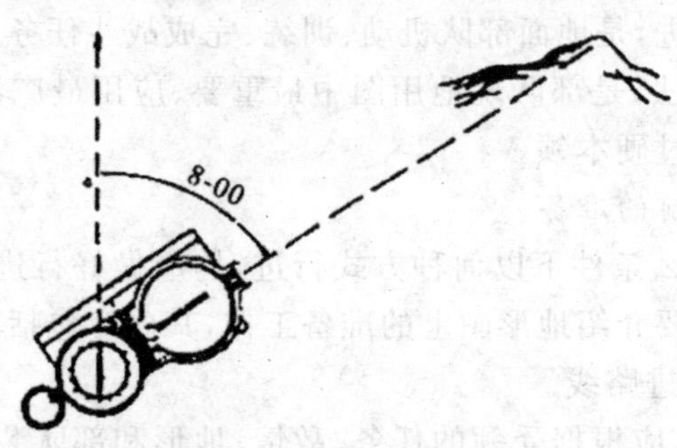

图4-31　现地测定磁方位角

（3）绘方向线。在保证地图方位不变的条件下，使直尺边切准第一个已知点的图上位置，旋转指北针，直至角度盘上的读数与测出的第一个磁方位角相等时，沿直尺边向后画直线；同法，切准第二个已知点的图上位置，旋转指北针，直到角度盘上的读数与测出的第二个磁方位角相等时，画一条直线。此两直线的交点，即为站立点在图上的位置。

（二）现地方位介绍

现地方位介绍指在现地向有关人员介绍地形情况及以地形为背景的有关军事情况。指挥员在组织现地勘察、下达口述战斗命令、组织协同或报告会之前，为使有关人员了解情况，应对现地地形进行方位介绍。

介绍的顺序是：现地方位、站立点在图上位置、方位物（在实地选择3—5个特征明显、不易损坏的独立地物或地形点）、当面地形、敌我关系位置与部署及有关情况。

介绍的方法是：面向敌方，按先敌方后我方，由近及远，由右至左，手指口述，逐次简明具体地指明目标的方位、特征和名称，必要时也可指出距离，充分利用方位物或明显地形点与目标的关系进行介绍。对于难以说明位置的目标，可利用指幅和密位指明其至某明显目标的方位。

五、按地图行进

按地图行进，就是利用地图选择行进路线并通过地图与现地对照，保证按选定的路线及规定时间到达预定地点的行进方法。

按地图行进，是地面部队机动、训练、完成战斗任务、夺取有利战机的一个重要方法，是部队现地用图中最重要、应用最广泛的课题之一，也是用图的最过硬本领。

(一)行进前的准备

无论在什么条件下以何种方式行进，均应做好行进前的各项准备工作。这里主要介绍地形图上的准备工作，其内容包括：

1. 选择行进路线

行进路线，应根据受领的任务、敌情、地形和部队装备等情况选择最佳路线。行进路线通常由部队指挥员选定或由上级指定。在图上选择行进路线时，应在了解道路分布情况的前提下，着重研究行进路线上与运动有关的地形因素，主要是：道路的宽度(包括路面宽与辅面材料)，最大坡度和最小曲半径对分队技术装备运动的影响，道路上的桥梁、渡口、徒涉场及穿行居民地的情况，必须越野行进的地段等。有敌情顾虑时，还应分析道路沿线植被所提供的隐蔽条件，影响部队运动的狭窄路段及危险路段等。综合上述各因素，以所需行进时间最短为基本要求，选择行进路线。

路线选定后，应在行进路线沿途选择一些明显、突出、不易变化的目标作为方位物，以便行进途中随时判定站立点的位置，保持正确的行进方向。特别在进出居民地的出入口附近，应选择数个方位物，以便在居民地内运动时保持方向。

越野行进时，转折点的方位物要明显、易观察。夜间行进时，方位物的选择应尽可能多且便于识别。

2. 标绘行进路线

标绘行进路线，就是将选下的行进路线(起点、转折点和终点)及方位物，用彩色笔醒目地标绘在图上(如图 4-32)。当行进路线较长时，应利用行进路线上明显的方位物，并结合大休息地点对路线进行分段，然后分段标绘，并按行进方向的顺序进行编号，以便行进中对照检查。

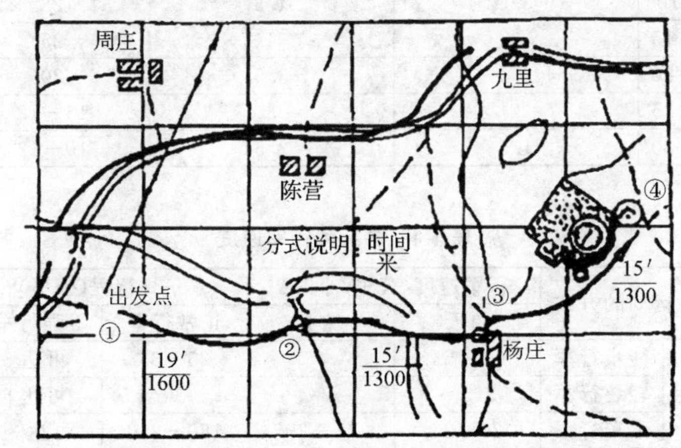

图 4-32　行进路线标绘

3. 量取里程和计算行进时间

在图上量取里程，应量取全程或各段的实地水平距离。当行进路线上地貌起伏较大时，应将水平距离换算成为实地距离。

为便于掌握行进速度和时间，可将各段距离根据预定行进速度换算为行进的时间，并将里程和时间注记在地图上。在确定行军速度时，应考虑坡度、不同兵种的特点等对行军的影响，通常可参考表 4-3、表 4-4、表 4-5 换算各路段所需行进的时间。

表 4-3　不同坡度上步兵的行军速度

坡度	步兵轻装时平均行军速度(公里/小时)		每天行军八小时的平均标准(公里)
	上坡时	下坡时	
0°—3°	5	5	35
3°—5°	4	4.5	32
5°—10°	3.5	4.5	28
10°—15°	3	4	25
15°—20°	2.5	3.5	20
20°—25°	2	3	15—18
25°—30°	1.5	2.5	10—12

表 4-4　各兵种行军速度

兵种运动的方式		行军速度(公里/小时)		一日行程(公里)	
		白天	晚上	正常行军	强行军
步兵	徒步行军	4—5	4	25—35	可达 50
	轻装行军	5	5	30	可达 50
	乘车行军	20—25	15—20	180—250	可达 300
炮兵	骡马驮	4—5	4	25—35	可达 50
	汽车牵引	20—25	15—20	150—200	200—300
	自行火炮	18—25	15—18	140—180	200—250
坦克兵		18—25	15—18	140—180	200—250

表 4-5　热带山林地行军速度

行军路线性质	坡度	通行速度	昼间时速(公里)	夜间时速(公里)
沿山背	10°—25°	不需要修路	2—2.5	1.7
沿山背	20°—40°	不需要修路	0.6—1	0.2—0.5
上长陡坡	30°—35°	需部分修路	0.6—0.1	0.3—0.5
下长陡坡	30°—40°	需部分修路	0.7—1.2	0.25—0.4
沿山谷	10°以下	低谷平缓	1.5—1.8	

4.记忆行进路线

记忆行进路线，就是将行进路线的有关特征尽量记在脑子里，做到心中有图，未到先知。

记忆行进路线的内容主要是：行进路线每段的里程，行进时间，经过的居民地、道路两侧的方位物和地貌特征，特别是道路的转弯处、岔路口和居民地进出口附近的方位物及地形特征等。

记忆的方法是：由总到分，掌握特征，从始到终，顺序记忆。由总到分即首先明确整条行进路线的起点、终点、转折点，全程长度与要求到达时间。继而分段记住有关行进的数据、地理名称。掌握特征是指重点记忆各路段的道路质量，所经关键地段及方位物特征。

（二）不同行进方式的行进要领

1.徒步沿道路行进

徒步沿道路行进是按地图行进的基本功。

（1）行进的基本要领

在做好准备工作的基础上，应着重掌握以下三个环节：

第一，出发。在出发点上，先标定地图，对照周围地形，判定出发点在图上的位置，判定行进方向和道路，认准下一个必经点或附近的方位物，准确无误后，计时出发。

第二，行进。行进中，应不断记下沿途的地形情况，根据记忆与当前所在位置对地形进行观察，将地图与现地对照。做到边走边对照，随时明确站立点的图上位置，随时清楚已走过的路程，随时明了前方将要通过的方位物，力求做到“人在路上走，心在图上移”。

第三，通过方位物。根据行进里程与时间，估计接近方位物时，应注意在前进方向上观察方位物周围地形是否与地图一致。一致时，即可以此方位物为出发点，向下一方位物出发。

（2）行进时现地对照的重点

行进中，能否正确地将地图与现地对照是保持正确行进方向的关键所在，应不断地判定站立点在图上的位置。在不同地形上，对照的侧重点有所不同。

平坦地行进时，通常利用道路的直线路段标定地图，多用道路拐弯、桥梁、沿线两侧的村庄、道路交叉点等判定站立点。在道路交叉口、道路拐弯处尤其应注意判定站立点，判定路线是否改变，判断原有道路与新建道路的关系，以便保持正确的行进方向。

丘陵地行进时，多以道路结合明显的山顶标定地图。以山顶、鞍部、合水线(当合水线明显时)、分水线(当分水线明显时)对照为主，结合居民地、道路判定站立点，判断道路变化情况，判明行进方向。

山地行进时，应以指北针标定地图，重点对照山顶和山背、山谷走向，结合道路，判定站立点及行进方向。

在各种特殊地形上行进时，应根据地形特点，找出该地形中不易变化，且较明显的地形特征作为对照的重点，综合利用判定站立点的各种方法，判定站立点和目标点，掌握行进方向。

(3)几种情况的处理

行进中，特别是通过方位物时，可能会出现地图与现地对照不一致，难以判定站立点的情况。此时，应分析原因，正确处理。

第一，地图与现地对照不一致时，应停止行进，判明方向，根据已通过方位物的时间，推断行进距离；然后在图上从上一方位物起，沿行进路线向前量出该距离，作为站立点的可能位置，再与现地对照。经对照地图与现地一致后，方可继续前进。若还是对照不一致时，则可从该位置向后假设几个站立点的图上位置进行对照。均对照不一致时，应返回上一方位物，重新行进。

第二，现地地形变化较大时，应分析该地区地形变化的特点和规律。现地对照时，首先对照不易变化的地貌和地物要素，在此基础上，分析哪些是变化了的地形，哪些是新增的地物。通过对照，搞清了地形的主要变化情况(特别是道路的变化情况)，明确了前进方向后，再继续前进。

第三，走错路是指没有按选定的行进路线行进。走错路的原因可能是地形变化大，或在道路交叉处没有对照好就选择了错误的路线行进等。走错路又分为两种情况：一是虽然路走错，但能判定出站立点的图上位置；二是判定不出站立点的图上位置，但能肯定是走错路了。对第一种情况，应在图上分析站立点与预定行进路线的关系，然后选择路线插至预定行进路线上。对第二种情况，则应按原路线向后一方位物的点返回，直到能判定站立点的图上位置时，再取近路插至预定的路线前进。

2.乘车行进

乘车沿道路行进简称乘车行进，是现代军队长距离机动的主要方式。

(1)乘车行进的特点

乘车行进的用图特点是：行进速度快，方向转换频繁，颠簸大，视界、观察时间受限，故观察地形较粗略，稍一疏忽，就容易走错路，差得就较远。纵队行进时，走错路对行进时间影响很大。因此，不能中断地图与现地的对照，否则就不易判定站立点的图上位置。

乘车行进时，除应做好基本准备工作外，还应根据乘车行进的特点，注意以下几点：在图上选择行进路线时，应着重考虑道路的通行条件，尽量选择路面质量较好的道路；选择方位物时，应选择离道路稍远，大而明显的突出目标；用彩色笔标绘行进路线，准确地标绘路的转折情况；最后，将标有行进路线的地图，按行进的顺序叠放，以便沿途对照取用。

(2)乘车行进的要领

乘车行进的要领与徒步沿道路行进基本相同。根据其特点，还必须特别注意以下几点：

第一，掌握行车里程和速度。出发时要标定地图，明确行进方向和路线，记下时间和车辆里程表上的里程数，行进中可通过时间、速度计算里程或查看里程表，对照事先在图上量算好的各段距离和时间，判定站立点在地图上的大致位置。

第二，随时标定地图。一般以直线路段标定地图。为使地图上的行进路线与现地的道路方向始终保持一致，当车辆转弯时，必须相应地转动地图。方法是：车转图也转，方向正相反。

第三，提前对照方位物。由于车速快，方位物一闪而过，地图与现地对照的时间短促，因此行进中要高度集中精力，不间断地提前搜索方位物，提前对照，做到“人在车上坐，心在车前行”。

第四，正确通过岔路口。即将行至岔路口时，应提前跟司机打招呼，放慢车速，仔细对照无误后方可继续通过。无把握时应果断停车对照。

乘车行进的特点，要求车队负责人（带车人）尤其要熟记地图。这样在带车中就可以把更多的精力放在对照、观察方位物及地形的变化上。也只有做到熟记地图，才能更好地适应战时需要。

3. 越野行进

基本不沿道路的行进，称越野行进。在道路稀少地区（如沙漠、草原）或者因任务需要，不能沿道路行进时，常用越野方式行进。越野行进通常采用徒步方式进行。

越野行进时，因地面起伏不平，障碍物多，障碍情况复杂，难以保持行进方向，故多采用按地图与按方位角相结合的方法进行。

（1）越野行进的准备

越野行进准备的重点是做好路线选择，距离、方位角量算和行进路线的标注等工作。

选择行进路线，首先应在有利于通行的区域选择最短路线，在此基础上尽量多选择方位物，各转折点尽量选在明显、坚固的方位物上或其近旁。越野行进路线通常依地形进行分段，各路段的距离视方位物多少而定，通常为1－2公里。地形越复杂距离应越短些，夜间应比白天更短些。路线选定后，应在图上标绘行进路线，量算各路段的距离和磁方位角，并标注在行进路线一侧。如图4-33中，分子为磁方位角，分母为距离的复步数，括号内为以米为单位的距离。行进路线两侧的方位物也应标绘出来。

最后，应在图上认真判读、分析各路段上有无不能通行的障碍区（物），并研究确定绕行的方案。

（2）越野行进的要领

在徒步沿道路行进基本要领的基础上，越野行进应注意以下几点：

第一，在出发点上，标定地图，判定站立点，查明到达下一点的磁方位角、距离和时间，并记忆沿途重要方位物和下一点的地形特征。然后

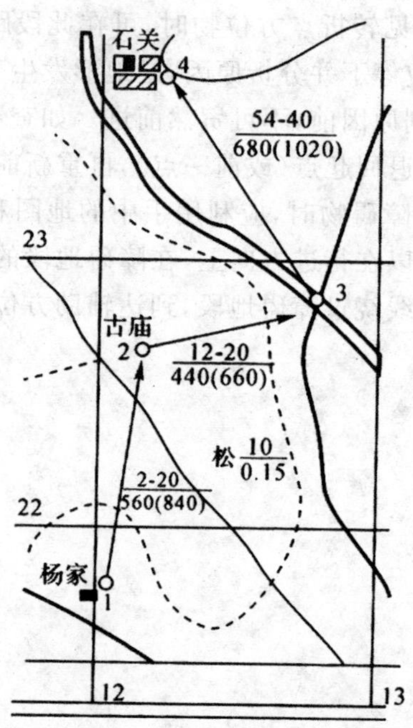

图 4-33　越野行进路线的标绘

观察地形，明确前进方向。当不易判定行进方向时，可利用磁方位角判定。方法是：手持指北针，使指北针北端对准下一转折点的密位数，这时由照门准星看去的方向，就是行进方向。在该方向上寻找下一转折点，看不见时，应在该方向上选择一个辅助方位物（实地较明显的物体），然后向此方向前进。

第二，在行进中，应随时对照地图，边走边观察沿途地形，注意掌握已走过的距离或行进时间。按方位角行进时，利用指北针检查行进方向，到达辅助方位物后应观察下一个转折点。如仍看不到，可按原磁方位角再选一辅助方位物继续前进，直至到达下一个转折点为止。按地图越野行进时，应通过地图与现地不断对照，随时明确站立点在图上的大致位置，不断判定、修正行进方向。

第三，将要到达转折点时，应特别注意附近地形特征。当走完预定的距离和时间，还未见转折点方位物时，可在此段距离的 1/10 范围内寻找，如仍找不到，应停下并分析原因，是地形发生变化，还是方向距离有差错。在没有找到原因前，不可贸然前进。如查不出原因，又找不到应到点位，应按原路退回起点（或前一点），再重新前进。

第四，行进中遇障碍物时，应利用手中的地图和指北针设法绕过。对能通视的障碍，可以在行进方向上，在障碍地段的对面选一辅助方位物，然后找一迂回路线绕过障碍地段，到达辅助方位物后按原方向继续前进。

第五章　综合训练

第一节　行军及行军组织

行军是军队成纵队沿指定路线进行的有组织的移动。目的是为了争取主动，适时转移兵力，造成歼敌的有利态势，为以后的战斗行动创造条件。行军的类型，按行军方式可分为徒步行军、摩托化行军及徒步与摩托化两者相结合的行军；按行军时间可分为昼间行军和夜间行军；按行军方向可分为向敌行军、背敌行军和侧敌行军。

一、行军的要求

现代条件下，由于远程兵器特别是核武器的使用，行军受敌火力威胁大，再加上先进的技术侦察器材广泛运用于战场，隐蔽行军难度很大，同时参加行军的兵种多，指挥、保障组织工作复杂，因此分队行军时必须做到：

（一）周密组织，充分准备

行军是一项复杂的行动，事先需要进行周密的组织和做好战斗保障、技术保障和后勤保障。分队接到行军命令或预先号令后，应迅速准备战斗、自救、三防、给养等必需物资，还要制定行军中的侦察、警戒、防空等措施。行军的组织准备工作应力求迅速、全面。

（二）遵守行军纪律，严密伪装

严格的行军纪律是分队按时顺利地抵达目的地，保持行军秩序，防止行动暴露的重要保证。分队在行军中必须严格遵守行军纪律。分队指挥员应严格按照上级规定的序列、时间和位置，组织分队准时通过出发点和调整地区，加入上级行军队形。分队在行军中要保持规定的距离和速度，自觉服从调整哨的指挥。摩托化行军时，如车辆发生故障或损坏，应停在道路的右侧或拖至路边，修复后随尾队行进，待休息时再返回到原行军纵队中的位置。车辆被迫停驶时，应停在不影响纵队行进的地方。严禁在桥梁、道路和铁路交叉点及隧道内停车。

行军通常在夜间或利用视度不良的天气实施。紧急情况下在昼间行军时，必须严密伪装，或在航空兵、炮兵火力的掩护下实施。行军中的通信联络通常以旗语、灯光、手势等简易信号进行，无线电台应处于收听状态。夜间行军时应严格控制灯火，保持肃静。乘车在暴露地段行军时，严禁开灯行驶。

(三)保持连续的行军能力

连续的行军能力，是分队保持行军速度，按时抵达目的地的基本条件，为此分队必须充分利用大小休息和宿营时机，认真检查物资器材，组织人员用餐和休息，及时恢复人员体力，保持连续的行军能力。

二、行军的控制

(一)行军路线

分队的行军路线通常由上级确定，在单独行军时，也可由分队指挥员自己选择。选择时，应利用地图、兵要地志和上级提供的资料，选择路程短、通行状况良好，且能避开敌火力封锁和可能袭击的地段，同时应尽量避开大居民地、道路交叉点、隘路等复杂地形，并根据行程、时间、地形、敌情，确定分队的出发点和调整地区，规定行进速度、休息和宿营的地点。

行军时，指挥员应通过向导(方向组)带路，询问居民，利用地图，使用行军路线图，按方位角行进，依据识别路标、信号等方法掌握行军路线。使用向导带路时，应适时地更换向导。在复杂地形或夜间行军时，可派一名军官加强尖兵班的指挥。按地图行进时，应勤对照，经常判定站立点，检查行进方向。按方位角行进时，应熟记沿途地形特点，通过定方向、定通过点、定时间保持行进方向。摩托化行军时，还应注意发挥各车的车长、观察联络员和驾驶员的作用，利用车上里程表掌握行军路线。如果发现走错路，首先确定站立点，然后选近路插向原定路线；无把握时，应返回开始走错的地点，再继续前进。当接到上级改变行军路线的命令时，指挥员应立即判明新的行军路线，修改行军方案，在行进中给各分队明确任务。

（二）行军队形和序列

行军队形，是军队行军时对兵力的区分。行军序列，是行军纵队的各个组成部分在行军队形中的位置和行进顺序。分队行军的队形编成应根据敌情以及在行军纵队中的位置和任务确定。总的要求是：符合当前的战斗意图，减少敌核、化学、生物、燃烧武器和航空兵的袭击，便于迅速行进和展开战斗，便于指挥。步兵连（排）的行军队形通常为一路、二路纵队，按前方尖兵、连本队、后方尖兵或侧方尖兵的顺序编队。向敌行军时，连长位于本队前；背敌行军时，连长随队尾。

（三）行军速度和队形间距

行军速度即单位时间内行军纵队运动的距离，按公里/小时计算。平均行军速度包括休息时间在内。行军速度，应根据敌情、任务、时间、行军能力、道路状况、天候而定。步兵连（排）在通常情况下，日常行军徒步平均时速为：乡村路 4—5 公里，小路 2.5—3.5 公里，每日行程 30—40 公里；摩托化行军平均时速为：昼间 20—30 公里，每日行程 150—250 公里。急行军主要通过加快行军速度，减少休息时间来完成。实践证明，急行军时间一般要比正常行军的时速高三分之一。强行军一般应加快行军速度和加大每日行程，时速一般不超过急行军的速度；每日行程，徒步可达 50 公里以上，乘车可达 320 公里以上。徒步行军，通常连与连之间为 100 米左右；摩托化行军时，通常连与连之间 200—300 米，车距为 50 米左右；单独行军时，尖兵班与连本队距离，昼间为 2—4 公里。

行军中，指挥员应根据情况适当掌握行军速度和队形间距，开始行军时速度可稍慢一些，然后按正常速度行进。通过桥梁、隘路、道路交叉点等复杂地段时，指挥员应适当减速，以保持队形间距。掉队时，应大步跟上,不宜跑步,以免增大体力消耗,影响行军能力。

(四)出发点(调整地区)

出发点是行军的起点。行军时,各部(分)队按规定时间通过的地区,称为调整地区。第一调整地区通常又是行军的出发点。分队的出发点、调整地区通常由上级指定。规定出发点的目的是保证分队能按时行军,防止分队在行军时被阻或出现混乱,出发点应选在距配置地域一定距离的地点上,以便分队机动。调整地区的位置和数量根据地形、行军距离、天候及其他因素而定。分队在上级编成内行军时,必须准时通过出发点、调整地区,按时到达指定地域,并应迅速做好战斗准备。

(五)出发时间和休息

出发时间通常由上级规定。指挥员接到行军命令后,应迅速组织部队在指定地域集合,同时派出警戒,检查人员、武器情况,在上级规定的时间内准时出发和通过出发点。

为了检查车辆,恢复人员体力,保持连续行军能力,还应规定小休息、大休息和休息日。

小休息,徒步行军通常行军 30 分钟后进行一次小休息,时间约为 15 分钟,以后每 50 分钟休息一次,每次 10 分钟。休息时应靠路边,面向路外侧,保持原来队形,督促士兵整理鞋袜和装具。摩托化行军通常 2—3 小时小休息一次,每次 20—30 分钟。休息时,车辆靠道路右侧,车与车之间距离不小于 10 米,人员应下车并靠道路右侧休息,步兵战车或装甲输送车还应留观察员和值班火器射手,驾驶员应检查车辆。

大休息通常在完成当日行程一半以上时进行,休息时间为 2 小时左右。小于一日行程或夜间及严寒季节行军时,通常不进行大休息。休息时应明确出发时间,派出警戒,必要时应指定值班分队占领附近有利地形。连应指定各排疏散到隐蔽位置和集合地点,以连或班为单位迅速组织做饭、吃饭、补充饮水,安排好伤病员,检查武器、弹药、装具和物资,严防丢失,并按时进入行军序列。

休息日,远程行军 3—4 日后,应安排一个休息日,一般在宿营地域实施。

三、行军的组织准备

连(排)受领行军任务后，应在规定时间内，有计划地做好行军准备。如时间紧迫，可边走边组织准备。

(一)传达任务，确定行军方案

步兵连(排)指挥员在接到行军命令后，应迅速向部属传达任务。时间充足时，应适时召开支委或骨干会，传达上级的行军命令，分析研究敌情、任务、行军路线及沿途地形状况，确定行军方案，安排准备工作。时间仓促时，指挥员可直接向分队传达任务，明确行军方案。

行军方案的确定是行军组织准备的一项重要工作。其主要内容包括：行军路线，行军序列，各排(班)和配属分队的任务，行军途中可能遇到的情况及处理方案和保障措施等。行军方案确定后，应明确军官分工，分头组织主要的准备工作。

(二)下达行军命令

行军命令主要内容包括：①敌情；②本分队的任务，出发和通过出发点的时间，行军路线、行程，大休息地点，到达目的地时间和地点；③友邻及其行军任务；④行军序列；⑤行军警戒，通信联络信(记)号及口令，着装规定等；⑥集合时间、地点，完成行军准备的时限；⑦指挥员在行军中的位置。

【示例】

步兵×连徒步行军命令

一、敌航空兵近日在××、××、××空域活动频繁。××至××的××大桥被炸毁，企图阻止我军开进。

二、我连奉命在营本队先头行军，于×月×日××时××分出发，经××、××、××，行程××公里，在××大休息，于××时前进至××集结待命。

三、步兵第1连为营尖兵，与我连的距离为2公里。右邻为步兵第

××团×营，沿××、××、××路线行进。左邻为步兵第××团×营，沿×××、×××、×××路线行进。

四、连成两路纵队沿公路两侧行进。行军序列：第2排、3排、1排。

五、步兵第1、3、5班担任对空值班分队并指定对空观察哨。通信联络信号见信号表，口令为“江河”。穿夏季作训服。

六、各分队于7时20分在××庄东侧村口集合，于7时25分前完成一切行军准备。

七、连指挥位置在2排先头。

连　长×××

指导员×××

×年×月×日×时

摩托化行军时，还应明确车辆分配、各车车长及观察员、登车时间和地点等情况。

单独行军时，还应明确前方、侧方、后方尖兵的编成、任务、运动路线，与本队的距离和联络方法，可能与敌遭遇的地点及各分队的行动等情况。

连(排)应根据实际情况，进行政治动员，鼓舞士气，保证行军任务顺利完成。

(三)组织协同和各种保障

1. 组织协同

连(排)组织协同的内容主要包括：编队时，各排加入上级行军序列的地点、时间；通过出发点和调整地区时，调整员的指挥信号，本连(排)的行动；变换行军序列时，观察警戒的接替顺序；遇敌地面和空中袭击时，各分队的行动；休息时观察警戒的任务和交接方法、信号。

2. 组织保障

组织保障时，必须从分队处于运动状态的特点出发，根据受领的任务、敌情、地形、道路等情况组织好各种保障。连(排)行军通常组织如下保障：

(1)组织侦察。连(排)单独组织行军时，应组织对行军路线的纵深和侧翼不间断的侦察。侦察的主要任务是及时发现敌人，查明敌人的兵力和编成，特别是敌重兵器的情况；调查行军路线上的地形、道路状况及附近地形的通行程度，可能与敌遭遇地区的地形情况；查明运动地带内的核、化学、生物武器袭击情况；寻找迂回路线等。实施侦察的主要方法有：派遣侦察班（组）和向当地交通部门、民兵及群众进行调查等。

（2）组织警戒。行军警戒的主要任务是：防止敌人对行军分队实施突然袭击，消灭或击退敌人的侦察和警戒，保障主力顺利行动，排除运动途中的障碍或寻找迂回路线；在与敌人遭遇时，保障主力迅速展开并在最有利的条件下进入战斗。步兵连单独行军时，应向前侧、后方派出尖兵。尖兵的编成，通常不大于本连总兵力的三分之一。如向敌行军，前方尖兵应大于后方尖兵；背敌行军时，后方尖兵应适当增强。步兵连（排）在本队内行军时，通常只派直接警戒。组织警戒时，应明确派出的兵力、时机、地点、距离，并让担任警戒的分队明确任务，规定联络信号、注意事项及解除任务的时间。

（3）组织通信联络。组织通信联络时，应以简易通信、徒步通信为主，无线电通信为辅。一般情况下应保持无线电静默，在必要时经批准方可开通无线电，确保联络畅通。

（4）组织对空防御。敌空袭是对我行军的最大威胁，为此，分队应严密组织行军时的对空防御。要组织对空观察报知勤务，组织对空火网，掩护分队顺利行军。同时还应规定遭敌空袭时的行动方法及抢救措施。

（5）做好物资器材准备。物资器材准备，主要包括武器、弹药、器材、装具、饮水和药品等。准备的数量应根据任务、行程、道路和天候等情况而定，以既能保证战斗、生活，又不过多增加士兵的负荷量为原则。通常携带粮食 3 日份（其中熟食 1 日份）和必要的饮水。

（6）组织技术保障。摩托化行军时，应检查车辆的技术状况、备份零件和随车工具，做到随坏随修。

（7）组织设营组、收容组。在无敌情顾虑的情况下，连可组织设营组，通常由司务长、炊事员等组成。设营组通常提前出发，在预定大休息地及宿营地筹备粮食、饮水。收容组通常由一名军官及卫生员率领数名体质较好的士兵组成，负责收容伤病员和掉队人员，组织其跟进，并根据情况消除路标。

连(排)出发前，指挥员应深入排(班)，认真检查物资器材的携带量、携带方法等，督促所属分队按时完成一切行军准备，并将准备情况报告上级。

四、行军的实施

(一)通过行军出发点

连(排)长要及时指挥连(排)编队，向行军出发点前进，并准时到达和通过该点。通过出发点后，要指挥本连(排)保持规定的速度、距离，正确掌握行进的路线并注意观察友邻分队的行动和信号。

(二)各种情况的处置

1.遭敌核、化学、生物武器袭击和通过受染区的行动

当接到上级发出的敌核、化学、生物武器袭击预报时，应迅速做好防护准备，拉大距离，加强观察，快速前进。当接到敌核、化学、生物武器袭击警报时，应立即指挥排(班)就近疏散隐蔽，充分利用地形和防护器材进行防护。袭击过后，应迅速查明损伤情况，及时组织救护，简易消除沾染，并将情况报告上级，按上级命令行动。通过受染区时，应采取防护措施快速通过或绕过。

2.遭敌航空兵袭击的行动

遭敌空袭时，应立即就地疏散或利用地形加速前进。根据上级命令，指挥对空值班火器占领阵地，射击低飞的敌机，必要时组织分队集火射击。

3.通过火力封锁区、遇到障碍和桥梁被破坏时的行动

通过敌炮兵、航空兵封锁地段时，应力求绕过，不能绕过时，应增大间距通过。遇敌爆炸性障碍物时，应设法绕过或排除后通过。遇到桥梁被破坏时，应查明江河的流速、水深，选择徒涉场、搭桥或泅渡通过，同时指定观察警戒，掩护分队迅速通过。

4.遭小股敌人袭扰和改变行军路线时的行动

行军中遭小股敌人袭扰时，连(排)长应立即指挥本连将其歼灭，如时间紧迫，则以部分火力掩护，大部快速通过。当接到上级改变行军命令时，连(排)长应迅速理解上级意图，在图上标出新的行军路线，并立即发出停止前进和向新的道路前进的信号。然后，给各分队重新明确任务，指挥本连(排)迅速沿新的路线行军。

当与友邻部队同时通过狭窄地区交叉路口时，应按上级指示、任务的缓急及路程的远近，由双方指挥员协商行进顺序，严防争先抢行，造成拥挤和堵塞。

五、山林地、水网稻田地行军的特点及要求

(一)山林地行军的特点及要求

山林地地形复杂，不少地方山高林密、路窄坡陡、道路弯曲、云低雾浓，在组织行军时特别要加强侦察。遇大雾或危险地段时，应减速或派人引导前进。当遇小股敌人袭扰时，应指挥前方或侧方尖兵迅速将其歼灭或驱逐，保证本队迅速前进。

(二)水网稻田地行军的特点及要求

水网稻田地沟渠纵横交错，稻田泥泞，道路少，路面窄，不便机动。组织行军时要特别注意加强道路和工程保障，做好防雨、防滑、防陷措施。

六、行军训练

(一)行军准备

行军前要拟制行军计划。计划内容包括：敌人的企图和我方行军任务，路线，出发及到达的时间、地点，行军路线要涉及的十字路口、复杂地形、村庄城镇、河流桥梁等情况；还要包括遇天然(人工)障碍、遇敌侦察、遇敌各种火力袭击、遇敌化学武器袭击和通过染毒地段等多种情况的设置。

(二)行军方法

1.徒步

行进时,身体稍向前倾,臂放松,围绕身体自然摆动,主要起维持身体平衡和调节频率的作用;脚向前移动时,腿不要高抬,脚跟先着地,然后移至前脚掌,腿稍弯曲,以增大缓冲和下一步蹬地的力量;呼吸要均匀自然,有节奏地配合步伐,通常两步一呼,两步一吸,步幅稍大,沿直线行进。行进速度每小时4—5公里。

2.武装越野跑

武装越野跑是指携带个人的武器和装具(不带背包)进行的越野跑。由于身体负荷量增加,所以在跑步时,要加强后蹬力,步幅稍小,频率稍快,重心适当降低,身体平衡前移。两臂摆幅适当减小,也可一手扶装具,另一手摆。呼吸深度相对减小,呼吸频率稍加快。跑前要检查武器、装具的松紧。携带武器、装具松紧要适体。装束过于松散,在跑步中出现上下、左右晃动会增大阻力,从而影响跑速;过于绷紧又容易造成身体不适,使动作紧张,体力消耗大,容易产生疲劳,影响跑步的速度。

越野跑途中各种地形的跑步方法是不同的。在草地上跑时,用全脚掌着地,眼睛看前下方,以免两脚陷入坑洼内或碰、绊石块和小物体。在松软土壤、沙地上跑时,用全脚掌着地,落地时要轻,蹬地时腿不要完全伸直,步子要小,频率要快。上坡时,上体向前倾,大腿高抬,用前脚掌着地,步子稍小。遇到较陡的斜坡时,可用走或“之”字形跑。下坡时,上体稍后仰,以全脚掌或脚跟着地,在坡的末端可快速跑到平地。下陡坡时,可采用“之”字形跑或步行。通过田埂时,用全脚掌着地(脚掌稍外张呈外八字形),步子稍小,重心稍降低,两臂张开保持身体平衡,跑步或步行通过。通过平滑的地面时,身体重心要低,脚不要高抬,步幅稍小,以轻快的步伐通过。通过树林时,可一手拨挡树枝,一手护脸部,防止树枝擦破、戳伤头部和眼睛,并注意防止被地上裸露的树根和枯枝绊倒。

3.爬山

(1)一般山地的爬山动作

上山时,上体放松并前倾,两膝自然弯曲,两腿要加强后蹬力,用全脚掌或脚掌外侧着地，也可用前脚掌着地，步幅略小，步频稍快，两臂配合两腿动作协调而有力地摆动。下山时，上体正直或稍后仰，两膝微曲，用脚跟先着地，两臂摆幅略小，身体重心平稳下移。横过或沿“之”字形路线爬进时，身体向山面倾斜，用靠山面的一脚掌外侧着地，另一脚则用脚掌内侧着地。

(2)复杂山地的爬山动作

通过坡度较陡的山地时，上山可用手协助或沿“之”字形路线爬进，下山可沿“之”字形行走。必要时，也可用半蹲、侧身或手扶地下爬。通过滑苔较多的山或冰雪山坡时，除了用上述方法外，也可用锹、镐等工具，挖掘坑、坎行进，或用手脚抠、蹬，三点支撑、一点移动攀援爬行。通过丛林、灌木山坡或乱石山地时，可用手拨挡树枝，防止钩、戳身体，也可用手攀拉树木，协助爬进。遇到乱石浮石地时，脚应踩在石缝隙地间，必要时，要试探踩踏石头，以防石块松动摔倒。

第二节 宿 营

宿营是军队在行军或战斗后的住宿。其目的在于使人员得到及时休息和整顿，以便继续行军或做好战斗准备。宿营分为露营、舍营和两者相结合的宿营。

一、宿营的一般原则

(一)宿营地域的选择

连(排)宿营地域通常由上级确定，单独宿营时，可自行选定。自行选定的方法，视敌情、地形情况可采取预先选择或临时选定两种。预先选择，通常由指挥员先在图上确定宿营位置，然后派出设营组预先进入宿营地区，进行宿营准备。临时选定，一般是在敌情顾虑不大，地形有利或分队战斗后急需休整的情况下实施。

选择宿营地域的要求是：

(1)宿营地域必须具有良好的地形，便于疏散、隐蔽，能减少敌人空袭和核、化学、生物武器袭击的伤害。

(2)有充足的水源,便于饮水、用水;有良好的进出道路,便于机动展开和迅速投入战斗。

(3)应避开大的集镇、交通枢纽等明显目标;避开山洪水道、油库、高压电源和易崩塌的危险地点,以免造成不必要的伤亡。

(4)应避开严重的沾染和传染区,露营地域冬季应向阳避风,夏季应在阴凉避暑的地方。

(二)宿营部署

宿营部署是军队宿营时对兵力所作的区分和配置。其样式的确定,取决于当时的敌情、地形、宿营时间、宿营方式和行军序列等条件。在无敌情顾虑或敌情顾虑较少、宿营时间较短的情况下,连(排)通常在行军路线的两侧选择有利地点进行宿营;在敌情顾虑较大,宿营时间较长,或位于待机(集结)地域时,应尽可能离开行军路线,部署在便于隐蔽、便于警戒和便于展开行动的地域内。

住宿地域的部署主要包括各分队宿营地的区分和紧急集合、紧急疏散地域的区分。部署时依敌情、地形和宿营方式而定。露营时应利用地形,以排、班为单位呈疏散配置;舍营时,应根据房舍条件,尽量按建制住房。不管采取何种方式,指挥员都应根据具体情况迅速灵活地部署。步兵分队通常部署在受威胁较大方向的外侧,火器分队通常部署在宿营地内侧便于发扬火力的地域,连部通常位于宿营地域内便于指挥的地点。摩托化行军时宿营,视情况可留几名士兵在车上住宿,车辆通常疏散隐蔽地停于宿营地域内便于机动的位置。无论采用哪种方式宿营,均应在住宿地及其附近选定便于集中的地点作为紧急集合场,在便于疏散且靠近道路和住宿地点选择紧急疏散场。宿营警戒部署主要包括观察报知勤务的派遣和班哨、步哨、游动哨、潜伏哨、警卫哨的部署等。

二、宿营的组织与实施

(一)勘察宿营地域

为了保障连(排)顺利、隐蔽地进入宿营地域,应组织对宿营地域进行勘察，搜索、查明情况，并对水源进行检查和警戒。在连长率领各排长勘察时，确定各排的配置位置及进出路线。如在敌人刚离开的地域宿营，为确保分队安全，应对宿营地域进行细致的检查，查明有无毒剂、放射性物质、爆炸性障碍等。舍营时，宿营前还需筹备膳宿物资和分配住房。

（二）下达宿营命令

连（排）长勘察宿营地域后，应下达宿营命令。其内容是：①敌情；②上级宿营地域和警戒的位置；③连（排）宿营地域的位置；④友邻宿营地域的位置；⑤各排（班）的配置位置和观察射击地带；⑥观察警戒的编成、任务及派出时间，报告情况的方法，换班的时间、顺序以及指挥员值班的规定；⑦紧急集合场的位置，发现敌人时的行动方法，防空、防核、防化学武器袭击时的措施；⑧补充弹药及其他物品的方法和要求；⑨工事构筑、伪装的要求和完成的时间；⑩营技术保障组、救护所的位置；⑪通信联络的方法和信号规定；⑫连（排）长的位置及代理人。

连长下达宿营命令，可采取统一下达或逐级下达的方式。连通常采取逐级下达的方式。当连统一下达宿营命令时，排长应在连长宿营命令的基础上，给各班规定配置位置和划分观察射击地带，并作必要的补充指示。

连（排）长下达宿营命令后，应迅速指挥各排（班）进入宿营地域。进入宿营地域后，应根据情况在有敌情顾虑的方向上派出班哨、步哨、游动哨和潜伏哨。在任何情况下，宿营地域内部都应派出警卫哨，严防敌人突然袭击和敌特破坏。派出宿营警戒的数量、距离，应根据敌情、地形和分队展开所需时间而定。连（排）在上级编成内宿营时，通常不单独组织宿营警戒，只派出警卫哨。摩托化行军时，还应加强对车辆的警戒。

步兵连（排）到达宿营地后，指挥员还应明确各排（班）次日的主要任务及为执行任务应做的准备工作。

（三）报告行军及宿营情况

连（排）长组织各排（班）进入宿营地域后，在检查、督促各排（班）配置伪装的同时，应搜集行军、宿营的有关情况，及时向上级报告。报告时，连可采取口头或书面报告方式（可附宿营部署图），排通常向连口头报告。

宿营报告的主要内容是:①当日出发的时间、经过地点、行程、到达时间和地点、人数、伤病员情况;②宿营部署;③武器、弹药、装备器材、给养和车辆损耗情况;④思想简况;⑤存在的问题和请示事项。

【示例】

步兵第×连宿营报告

营长:

我连×××于×日×时出发,经××、××、××,行程××公里,于××时×分到达×××宿营。

宿营部署:1排、2排在××舍营、3排在×××西侧××处露营,连部在××;1班在×××东侧无名高地担任班哨,3排在××高地派出2名对空观察哨和值班火器。紧急集合场在×××东侧50米处。

行军中,全连士气高昂,斗志旺盛,无掉队、无伤病员、无丢失。

粮食只剩1日份,何时补充,请示。

连长:×××

政指:×××

×月×日××时××分于××

(四)搞好宿营地域的管理

宿营部署完毕,各排(班)应迅速进入各自宿营地。卸装、卸载,打扫卫生,设铺、搭棚、架帐篷、挖厕所;明确饮水、用水,做饭、吃饭情况;检查车辆,加油加水;擦拭武器,整理装具;补充弹药,准备器材;安排好伤病员,穿刺脚泡,修理鞋袜,烤晒衣服。军官要深入排、班,检查督促分队尽快休息,加强查铺查哨。

连(排)单独宿营时,指挥员应适时与当地政府和人民群众取得联系,了解当地的风俗习惯,认真执行三大纪律八项注意,开展拥政爱民活动。根据实际情况,动员群众,帮助民兵训练,组织助民劳动,解决群众困难。离开宿营地时,应做好群众工作,送还借用东西,清扫卫生,填平厕所，征求意见，检查纪律。

三、遭敌袭击时的行动

在宿营中，指挥员要善于预见可能遇到的各种情况，发现情况，灵活指挥，果断处置。

遭敌空袭时，应立即发出警报，各排（班）迅速进入指定地区疏散隐蔽。当敌机临空时，应指挥对空值班火器集火射击低飞的敌机。空袭后立即抢救伤员，恢复伪装，然后或继续宿营或根据上级指示转移宿营地。

如发现敌在我宿营地域附近空降时，应迅速查明情况，报告上级，并根据上级指示率领本分队前出空降地域，抢占有利地形，在友邻和民兵协同下，歼敌于立足未稳之际。

当遭敌地面袭击时，连（排）应命令各排（班）占领有利地形，顽强抗击敌人，及时报告上级。根据当前之敌情、地形和上级指示，指挥各排（班）行动。敌兵力较小时，应在友邻和民兵协同下以突然、猛烈的火力将其歼灭。敌兵力较大时，视情况配合主力歼敌，或交替掩护，撤退转移。

四、在特殊地形、天候条件下宿营的注意事项

在特殊地形、天候条件下，应根据地形特点和天候季节的影响，采取相应措施，组织宿营。

（一）山地宿营

步兵连（排）在山地宿营时，由于山地中居民地稀少，难以找到永久性建筑物，因此要考虑尽量靠近水源，并特别注意保持环境卫生，防止水源污染。纵队沿道宿营时，应尽量离开道路，在道路的两侧选择宿营地；并要划分好地段，留出通行道路，危险地点要做好标记，并通报全体人员。

山区夏季宿营，应多搭帐篷。根据地形，帐篷应搭在通风干燥的空地上。山地宿营，应加强警戒，控制制高点、山垭口和重要道路，夜间还应派出游动哨、探索组。

山岳丛林地由于村寨少，人烟稀，宿营多以露营为主，因为露营较

便于就地取材搭棚。山岳丛林地雨季多暴雨山洪,多传染病和毒虫害,且易遭敌偷袭。因此宿营地通常选在干燥、通风、靠近水源,有良好进出道路的山腰、山坡或平台上,要避开沟谷、洼地,避开道路、林缘和明显方位物,以免阻塞道路或被敌发现。同时应避开高大树木和茂密高草,以防雷击、失火。

宿营配置应本着疏散、隐蔽、便于指挥的原则,根据地形灵活掌握。通常以连为片,面积约1公顷左右;以排为块,面积400平方米左右;以班为点,面积50平方米左右。连间距通常为300米,排间距为30—50米,班间距为20米左右。

搭宿营棚,可就地取材,充分利用竹竿、树枝、茅草等天然材料,与雨衣等器材结合搭绑成棚。床铺应以树桩、石块等支起,离地30—50厘米,以防潮湿染病。宿营棚周围要挖排水沟,铲除杂草,必要时撒些草木灰,以防毒蛇、毒虫侵袭。就地取材时,应注意不要成片砍伐草木,以保护天然伪装。

(二)水网稻田地宿营

水网稻田地地形平坦开阔,水陆交通便利,沟渠河道繁多,村镇树木稠密,物产丰富,为分队选择良好的宿营地提供了方便。宿营地应力求避开较大村镇、重要桥梁、堤坝、交通枢纽等明显目标,选择小而分散的村落、土丘、树林、田间空地等有利地形,做到既能有效隐蔽,又能适时机动和集中。

连(排)在村镇宿营时,以舍营为主,并以连排为单位,在村镇边缘区配置,注意避开重要交叉路口等有明显方位物的街区。

(三)严寒条件下宿营

在严寒条件下宿营时,力求舍营。房舍不足时,应组织排(班)轮流进入房舍取暖。露营时,应尽量选择在避风向阳地域。尽可能搭帐篷和草棚,并用干草铺设地铺。班、排力求集中住宿。睡觉时应戴棉帽,穿棉裤,两人合铺取暖。

(四)炎热条件下宿营

在炎热条件下,宿营地应选在丛林地和阴凉通风的地域,并采取防暑、防毒虫、防雨、防洪、防潮湿等措施。架帐篷时应注意通风，铲除帐篷周围的杂草，撒些草木灰，并在帐篷周围挖好排水沟。根据炎热的天气特点安排好饮食，增加开水供应。

第三节　野外生存

野外生存即人在食宿无着的野外复杂的环境中求生。

野外生存所包括的知识非常广泛，概括地说就是行、吃、住、自救四项内容，即判定方位，迷途的处置；猎捕动物和采食野生植物充饥；就地取材，构筑简易的露营遮棚；识别、利用草药救治伤病等。

一、行

（一）野外方向的判定

利用自然界的一些特征判定方向，请参阅第四章第三节的内容。

（二）野外行进

野外行进主要是防止迷失方向和采用正确的行进方法。

1. 山地与雪坡中的行进

在山地中行进，为避免迷失方向，节省体力，提高行进速度，应力求有道路不穿林翻山，有大路不走小路。如没有道路，可选择在纵向的山梁、山脊、山腰、河流小溪边缘，以及树高、林稀、空隙大、草丛低疏的地形上行进。一般不要走纵深大的深沟峡谷和草丛繁茂、藤竹交织的地方，力求走梁不走沟，走纵不走横。

行进应遵循大步走的原则，如果将步幅加大，三步并作两步走，几十公里下来，就可以少迈许多步，节省许多体力。俗话说，“不怕慢就怕站”。当疲劳时，应用放松的慢行来休息，而不要停下来，因为如果站立一分钟，慢行就可以走出几十米。

攀登岩石是登山的主要技能。攀登岩石最基本的方法是“三点固定”法，要求登山者手和脚能很好地配合动作，即两手一脚或两脚一手固定后，再移动其他一点，使身体重心逐渐上移。运用此法时，要防止蹿跳和猛进，并避免两点同时移动，而且一定要稳、轻、快。应根据自己的情况，选择最合适的距离和最稳固的支点，不要跨大步和抓、蹬过远的点。

雨季在山地中行进，应尽量避开低洼地，如沟谷、河溪等，以防山洪和塌方。如遇雷雨，应立即到附近的低洼地或稠密的灌木丛去，也可以寻找地势低的地方卧倒，不要躲在高大的树下。因为大树常常引来落地雷，使人遭到雷击。避雷雨时，应把金属物品暂时存放到一个容易寻找的地方，不要带在身上。

在山地如遇风雪、浓雾、强风等恶劣天气，应停止行进，躲避在山崖下或山洞里，待天气好转时再走。

攀登冰川和雪坡要特别谨慎，对人威胁最大的是冰瀑区和山麓边缘的裂隙，特别要注意被积雪掩盖的隐裂隙。通过裂隙时，应数人结组行动，彼此用绳子连接，相邻两人之间的距离保持10—12米。在前面开路的人，要经常探测虚实。后面的人一定要踩着前面人的脚印走，这样比较安全。通过裂隙上的冰桥或雪桥时，要匍匐前进。

雪坡行进不仅要注意防裂隙，还要注意不要将雪蹬塌。在冰面和积雪山坡交界的地方，积雪往往很深，行动时必须结组。过雪桥时开路者先探测雪桥虚实，再行通过。如果雪很松软，而又必须由此通过时，应匍匐前进。攀登坡度很大的雪坡时，一定要两脚站稳后再移动。向前跨步，要用前脚掌踏雪，踩成台阶再移动后脚。如果不慎滑倒，要立即俯卧，防止下滑。

在积雪上行军，要拣雪硬的地方走。还要注意不要用冰雪解渴，骤然吞食冰雪，易得喉头炎。实在干渴得厉害，可用融化的冰雪漱口，尽量不要咽到肚子里，因为水会增加人体循环器官的负担，影响体力。

为了在雪地行走方便，可以用树枝（最好是刚砍下来的树枝）做成“雪鞋”，方法是将树枝用火烤成U形，再用绳子绑紧，套在脚上。穿着时应注意用绳将脚尖和脚跟部分别捆在前横带和后横带上。如捆不紧，鞋活动了会妨碍行走。绑扎的绳扣要系在鞋的上部或外侧，如系在内侧，左右两脚相互触及则行走困难，而且绳扣也易松开。在松软的雪地上长时间行走时，要跨大步，以缩短在雪地行走的时间。

2. 热带丛林地中的行进

在热带丛林地中行进，为防止蚊虫、扁虱、蚂蟥、毒蛇的侵袭，应穿靴子，并要扎紧裤腿及袖口领口，最好将裤腿塞进靴子里面，有条件的还应戴手套。最好在鞋面上涂驱避剂或肥皂，可防止蚂蟥上爬。为了防止毒蛇的袭击，行进中可用木棍“打草惊蛇”，同时，亦应注意树上有无毒蛇，休息时，要仔细察看后再坐下。

毒蜂是无情的“杀手”。在接近森林或悬崖下的草坡时，要特别留心，发现有蜂围绕飞舞或有蜂钻入地下，有可能在林中、地下有蜂窝，要注意绕道行走。遇到成群的毒蜂，最好的办法就是快跑，因为人比蜂跑得快。如果不行，应就地蹲下，用雨衣遮住皮肤的暴露部位。如附近有水，潜入水中最为保险，可潜游至蜂看不到的地方再脱逃。

在高草地中行进，应先在前面高处选中一个明显方位物，测好距离和时间，然后戴上手套（或用毛巾包住手），护住两耳及面部，开始前进。等到预计时间还未走出，就应停下，在高处寻找预定的方位物，校正前进。

热带丛林中藤蔓竹草交织，使人无法通行，需经常使用砍刀开路行进。横竹挡道，应“两刀三段，拿掉中间”；对直竹则可“一刀两段，拨开就算”。竹竿上都长有刺，较硬，砍时用力要均匀干脆，力求一刀一棵，留竹桩高 20－30 厘米左右为宜，过低戳脚，高了戳腿、裆。对于生长密集、枝干细、弹力强、刀下竹倒、刀起竹立的竹子，应采取分、压、拨、钻的方法通过。

茅草丛地，草深而密，其间还有不少荆棘，面积大，砍伐不便，通行困难。用砍刀开路的方法是：“不过头，两边分，从中走；不见天，砍个洞，往里钻。”藤、草要砍根部，然后用刀或手将藤、草向两边分开压倒。所用的刀最好是弯刀（也可用镰刀或少数民族的长刀），刀把要长。开路要点是：“刀磨快，把握好，三砍两拨就成道。”

在丛林中行进时，可以踩着大型野兽踩出的路走，这样可以避免误入毒虫区或陷入沼泽地，但要注意在兽径上经常有猎人设置的陷阱（甚至是绊线地枪），特别是路中间突然有散盖着的乱草和树叶，或是路边突然有不自然弯下来的树干或竹竿，要特别注意有可能是捕兽的铁夹子或吊索。

3.沼泽地中的行进

遇到沼泽地，最好避开，因为通过沼泽不仅困难，而且危险。如果沼泽无法绕行，应手持一根木杖探寻坚实的地面或泥水较浅的地点通过。

沼泽地行进应特别注意观察地貌与植被。草原中的沼泽地最容易陷落的地方，往往生有鲜绿色的杂草。在森林中的沼泽地容易陷落的地方往往枯树较多，而且树木稀疏。遇到这种地方，要注意避开。

沼泽中要数由湖泊和老河床形成的池沼危险性最大。池沼中往往植物丛生，旱陆与水塘混合。池沼中的水面有许多貌似地面的湖草、碎叶、泥土混合的漂浮层，这种漂浮层各部分的厚度、强度、支撑力都不一样，因而走在上面极易发生危险。行进时，必须不断用木杖探查漂浮层的厚度、强度，以求安全通过。

通过沼泽地时，不要踏着别人的脚印走，因为漂浮层强度有限，若重复踩一个地方，就有可能陷落。如果必须走一条线路时，应彼此间保持一定距离，避免重力过于集中。如遇到有鲜绿色植物的地方，应避开绕行。因为这种地方不是湿度大，就是漂浮层很薄，下面很可能是泥潭。

如果陷入泥沼，不能惊慌挣扎，而要立即甩下背囊装具，身体后倾，轻轻躺下，躺下时尽量张开双臂以分散体重，扩大身体与泥沼的接触面，以减小身体对泥沼的压力，控制下沉的速度。如距硬地很近，可利用身体的翻滚，从泥沼中摆脱出来；也可以将身体前倾，向前延伸一段距离，攀扶或接近干燥地面及其他附着物。注意移动身体时必须小心谨慎，每做一个动作，都应让泥有时间流到四肢底下。如身旁有树根、草叶，可拉它们借力移动身体。特别注意要有耐心，不要慌忙，移动数米，也许要花费一个小时，但只要有信心，就能摆脱困境。感到疲倦时可伸开四肢，躺着不动，这个姿势可以保持身体不沉下去。

陷入泥沼时应力求自救，在自救无望时，其他战友再配合救援。这时陷落者应停止活动，以减缓下陷的速度。救援者要以尽量轻的动作接近，以防止破坏遇险者附近浮草层的强度和浮力，而使两者均无生还的希望。救援者应垫以树枝，匍匐而进，也可用木板、树枝铺在遇险战友的身边，使之增加浮力，以便设法将其拖到较坚实的地段上。

4. 河流的涉渡

河流是山区和平原地区常遇到的障碍，而山区河流与平原、森林、草原的河流的涉渡方法是有区别的。山区河流通常水流湍急，水温低，河床坎坷不平。涉渡时，为了保持身体的平衡，应当用一根竿子支撑在水的上游方向，或者手持 15—20 公斤的大石头，垂手将石头从水下搬运过去。在集体涉渡急流时，应当 3 人或 4 人一排，彼此环抱肩部，身体最强壮的应排在上游方向。在涉渡石底河时，应当穿鞋，以免尖石划破脚，同时也可以更好地保持平衡。倘若山间急流水深过腰，则绝不可冒险涉渡。

涉渡冰源河时，最好在早上通过，因为那时河水最浅。到下午往往就不能通过。过结冰的河湖，若不慎跌入河湖的冰洞中，不要挣扎，要靠水的浮力向前俯卧或向后仰浮跃出冰面。

涉渡森林、草原地区的河流，应预先探明河底是否多淤泥，不要贸然涉渡。

遇到较大的河流时，可就地取材制作浮渡工具。如可用雨衣包裹稻草或芦苇制成浮包，且往往负重量较大，1 公斤稻草或芦苇在水中有 3 公斤的负重量，这样的浮包在水中可使用 1.5—2 小时。也可使用直径 10 厘米以上、节长 50 厘米左右的大竹，绑扎成前三节后三节的背心式的竹筒浮渡，这种游渡器材的浮力一般可达 14 公斤以上。若有较多的武器装具，可用竹子、芭蕉秆、束柴或圆木等，结扎成三角形或长方形的浮渡筏，人伏其上，用蛙泳泅渡前进。

有条件时可制作单兵木筏，用 2 根圆木和 2 根木杆，用铁丝或绳索捆扎，圆木横放，木杆竖放，中间吊一木杆当座位即可。

木筏的负载重量的计算方法是：

载重量＝圆木长（米）×0.75×圆木小头直径（厘米）

如果是新伐的圆木，则将公式中的 0.75 改为 0.5 即可。

5. 沙漠戈壁中的行进

在沙漠与戈壁中行进，除正确判定方位之外，还要注意三个相互依存的因素，即周围的温度、活动量及饮用水的贮存量。

我们知道，在阳光直接照射下，即使不进行体力活动，人体所消耗的水也要比在阴凉下多3倍。在沙漠戈壁中行进，如果人们能将水的消耗量降到最低限度，生存下来的可能性便会随之增加。

据了解，在我国西北沙漠，特别是新疆夏季最炎热时如不带水，在有阴凉的地方可休息的条件下，可生存3天左右，如果白天在太阳下行走，只能生存1—2天。因此，在沙漠戈壁中行进，最好是保持体力，采用慢行，每小时休息10分钟的走法，这样，一个身体健壮的人每天大约可走30公里左右。在感到疲劳或缺乏充足的食物和水的情况下，可再慢一些。

步行中要选择最易行走的路，要绕过障碍物，不要直越陡坡，以避免过度消耗体力。而夜间走路可减少脱水，夜行晓宿是沙漠行走的要诀，但不利的是可能会错过水源或有人居住的地方。在沙漠或戈壁中行进，白天要防止身体在太阳下曝晒，尽可能利用衣物遮蔽，衣服的颜色最好是白色或浅色，白衣服可反射太阳辐射50%。同时注意头部应避免太阳曝晒，除了戴帽外，可用毛巾、衬衫、伞布等制作头巾遮盖头部。

不可忽视的是，在缺水、干渴、炎热的沙漠之中，孤独、失望、焦虑的心理会使人精神失常，迅速缩短生存的时间。为此，沙漠生存的一个重要方面，就是在平时要加强自身克服困难、战胜孤独、争取胜利的心理训练。

二、吃

野外生存解决吃的主要手段是猎捕动物，采食野生植物。猎捕动物主要有捕兽、捕蛇、捕鱼、捕捞贝类和海上浮游生物及捕捉昆虫。

1.捕兽

应根据动物的习性和活动规律，因地制宜地捕兽。传统的方法就是狩猎。主要有压猎、套猎和使用捕兽卡、竹筒等。

压猎是较为原始的狩猎方法，但是捕获率却很高。其中压拍子是压猎法中最简便易行的一种方法，可以捕捉各种小毛皮兽。压拍子是用一块石板或木板，或者冻土板、冰板，用木棍（或绳子）支（或吊）起来，板上可加压重物，板下放置诱饵，当动物取食时，即可将其捕获。在森林中，也可用粗圆木（树干）做成压杠支设在地上，来捕捉各种毛皮兽。

套猎是用各种绳索（棉、麻、棕绳或降落伞绳）、马尾、钢丝制作套子猎捕动物。套子的大小，距地面的高低，由所猎动物的大小决定。例如，套捕野兔的简易套，可选取长 1.5 米、直径 1 毫米左右的钢丝（可从钢缆上拆下单根钢丝，稍加退火），将一头弯过去，

做成套子。套子的直径约 13—14 厘米，套的一端拴在小树上，套子底边距地面约为 11 厘米左右。套子要布设在疏林、林中空地或兔子经常出入的通道中间，不要偏斜和歪扭。

用饵食和绳套可诱捕各种鸟类。弹弓也是猎鸟的利器。

此外，还可就地取材，用树木、竹子和绳索做成吊套和翻身套猎捕动物。

捕兽卡主要用于捕猎小动物，如田鼠、黄鼠、旱獭、黄鼬等。捕兽卡是用一根细钢丝弯曲而成，两端有向外弯曲的尖，中间有供设置用的细铁丝小圈。设置时，将钢丝两臂压紧，使两臂上的铁丝小圈重叠，用大头针通过后面小圈穿入重叠小圈即可。钢丝尖端设置诱饵，当动物取食时，铁丝圈即从大头针上脱落，钢丝弹向两侧，因钢丝尖端支撑其嘴部而将其捕获。

竹筒，主要用来猎捕黄鼬等小动物。可选择内径为 6—7 厘米、长 65 厘米左右的一节竹筒倾斜埋入地中，竹筒上口与地面平，竹筒里面必须光滑，将诱饵投入筒底，当动物进竹筒中取食时，就再无法退出来而被捕获。

2.捕蛇

捕蛇首先要掌握蛇的活动规律，在不同季节采用不同的方法。冬季，蛇类蛰伏洞穴中冬眠，到惊蛰后，才开始出洞，隐伏在草丛、林木、石缝间，或活动于田埂、沟塘边。夏秋两季，便四处觅食。通常，蛙类活动的地方，便是蛇类出没的地方。水田、沟边、草丛，“七横八吊九缠树”，比比皆是。到晚秋，蛇准备入洞过冬，因而较集中，也易于捕捉。各种蛇的

食性不同，它们的活动地点也不同。如眼镜蛇捕食鼠类、蛙类，多在山坡、田间、沟边、屋边活动；银环蛇食黄鳝、泥鳅、水蛇，常见于水田边或水沟边、塘边；竹叶青蛇能捕食小鸟，经常栖息在竹上或树上。

捕蛇可采用木叉法、泥压法、索套法等。木叉法用于捕捉较大的蛇，泥压法用于捕捉在地面或石头上活动的一些不大的蛇。索套法用于捕捉在乱石上、草丛间或地上翘起头的蛇，或者盘绕在树上的蛇。

直接用手捕捉，最好先捉住蛇尾，将其提离地面，然后迅速握住蛇的颈部，但不要太用力，特别是较大的蛇，这样可以减少蛇的反抗挣扎。若是毒蛇，可紧握蛇尾，用力甩几圈，以防蛇头弯过来咬人。如果遇到许多蛇，可将蛇捉住后挤开蛇嘴，把蛇的尾巴插进蛇嘴内，使蛇围成一个圆圈放在地上，这样蛇就跑不掉了，然后再捉其他蛇。

捕蛇应特别注意防咬伤，有条件最好穿高统皮靴或厚布鞋袜，戴皮制或厚布手套。在树林或竹丛中捕蛇时，要戴上帽笠，以防树上的毒蛇袭击。

3. 捕鱼

野外人员往往不具备钓具，可是只要开动脑筋就可以找到或制成代用品。如用针，或在海边寻找被丢弃的鱼骨和小硬木刺来制作临时的鱼钩。加工时，若无小刀可将贝壳打破，用贝壳的锐角细心刮制。钓线则可寻找韧性较强的蔓草制作。先将蔓草晾干，再用石块捶击使其柔软，捻成强韧的钓线，长度最好在 2—3 米左右。

钓鱼首先要用“看”、“闻”、“听”等方法来判明水中是否有鱼。所谓“看”，是看水质和颜色。古人曾说：“水至清则无鱼。”凡是有鱼的水，一般都清中带浊，鱼越多则水越浊。

水中有微小波纹，或由于鱼偶然跳跃而出现较大波纹则表明有鱼。相反，水平如镜，死水一潭，则可能无鱼。所谓“闻”，是闻水味。鱼有腥气，通过水味散发，以闷热天腥味最浓。所谓“听”，是听鱼的吃草声。声音越大，则可能鱼越多。

天气和季节对钓鱼的影响也很大。春季，鱼最贪食，比较容易上钩。夏季，鱼一般都沉在水深处或阴凉的地方而不愿咬钩，这个季节，只有在清晨或傍晚暑气不盛时垂钓，鱼才肯上钩。刮风、下雨时也不易钓到鱼。雾散天晴或冬季下雪之前，常常是钓鱼的好时机。总结鱼类的活动规律是“清沉混浮”、“寒沉温浮”；冬季寒冷“阳浮阴沉”，夏季酷暑则“阳沉阴浮”。根据这些规律，可以因地制宜，确定垂钓的时机和下钩的深浅。

在小而浅的池塘中，可以下水用脚或木棍将池底的污泥搅起“混水摸鱼”。等到鱼被迫升上水面寻找清水时，用木棍敲击或用手捕捉。也可以将树枝弯成一个圆框，把汗衫缝缚在上面，把底扎紧，制成一个“渔网”捞鱼。还可以用刺刀、削尖的兽骨绑缚在木棍、竹竿上面，做成一柄“渔叉”，在可俯瞰鱼类往来的位置，用渔叉来叉大鱼。

鱼在夜间比较迟钝，可在夜间带火把来叉鱼。

在海上钓鱼，对钓上来的鱼要搞清楚是否是毒鱼，然后才能决定吃不吃。通常在热带浅海中，没有鱼鳞而有刺、尖棘或硬毛，形状比较奇特的，可能是毒鱼。

据专家著作介绍，肌肉和内脏中含有毒素的鱼类我国约有 20 种，其中有河豚、刺鱼、玉梭鱼、红鳍笛鲷、鳞鲀、六斑刺鲀、加克鱼、角箱鲀等。

4. 捕捞贝类和海上浮游生物

在海滩上有种类繁多的贝类动物。绝大多数贝类可供食用，如鲍鱼(内脏有毒不可食)是名贵的“海味”，还有红螺、田螺、香螺、泥蚶、贻贝、扇贝、牡蛎、文蛤等都可食用，而且营养丰富，味道鲜美。

漂流在海上的人，只要有信心，不慌乱，就一定会战胜困难。一个人滴水不沾，也能活六七天。只要相信自己还有一线生机，并能利用海洋生物充饥，多数遇难的人都能活下来。

5. 昆虫的食用

人们对于吃昆虫大多不习惯，甚至感到厌恶，但是在迫不得已的情况下，为了维持生命，保持战斗力，不妨一试。但应注意，一定要煮熟或烤透，以免昆虫体内的寄生虫进入人体，导致中毒或得病。目前世界上人们在食用的昆虫有蜗牛、蚯蚓、蚂蚁、蝉、蟑螂、蟋蟀、蝴蝶、飞蛾、蝗虫、蚱蜢、湖蝇、蜘蛛、螳螂等等。

6.采食野生植物

可食野生植物,包括可食的野果、野菜、藻类、地衣、蘑菇等。对可食野生植物的识别是野外生存知识的主要内容,有着重要的实用意义。在战时或特殊条件下,粮食补给断绝,野生植物是主要的应急食物。

采食野生植物最大的问题是如何鉴别有毒或无毒。有一个最简单的办法,即将采集到的植物割开一个口子,放进一小撮盐,然后仔细观察这个口子是否改变原来的颜色,变色的植物通常不能食用。

《中国野菜图谱》总结了几种较为简便的鉴别方法:

(1)取植物幼嫩部分少许,放在嘴中用前齿嚼碎后以舌尖品尝是否有苦涩、辛辣及其他异味。如果怪味很浓则有可能有毒,应立即吐掉再漱口。涩味表示含有单宁,苦味则可能含有生物碱、配糖体等有害物。

(2)因一些有害物质(单宁、生物碱等)可以溶于水,所以可将植物先用开水烫一下,再用清水浸 5—6 小时,或煮熟,再品尝是否还有怪味。此时苦涩、怪味依然存在则切不可食用。

(3)可在白煮后的植物汤水中加入浓茶,若产生大量沉淀,则表示植物含有重金属盐或生物碱,不可食用。

(4)煮后的汤水经振摇后产生大量泡沫者,则表示含有皂甙类物质,不可食用。

(5)一般牲畜可食用的饲料,人基本都可食用。特别是几种牲畜都喜爱的植物,肯定无毒。

(6)在缺乏以上一切鉴别工具及手段时,亦可少量试尝某种植物,若 8—12 小时内身体无头晕、恶心、头痛、腹痛、腹泻等中毒症状时,则可大量食用。

我国一些常见的可食野果有:山葡萄、笃斯(别名:地果)、黑瞎子果、茅莓、沙棘(别名:醋柳、酸刺、海鼠李、黄醋刺)、火把果(别名:救军粮、赤阳子、豆金粮、红子)、余甘子(别名:油柑、橄榄)、桃金娘(别名:当梨、稔子、山稔、岗稔)、胡颓子(别名:手春子、甜棒槌)、乌饭树(别名:乌饭叶)、野栗子、椰子、木瓜等。

我国一些常见的可食野菜有:苦菜(别名:苦苣菜、碎骨炸、野生菜、苦介菜)、蒲公英(别名:婆婆丁、黄花地丁、黄花草)、蕺菜(别名:鱼腥草)、马齿苋(别名:马蛇子叶、蚂蚁叶、马子菜、长寿菜、五行草、瓜子菜)、刺儿菜(别名:小蓟草、刺杀草、蓟蓟菜、刺刺菜、七七芽)、荠菜(别名:地米菜、菱角菜、护生草)、野苋菜(别名:细苋、白苋、假苋菜)、扫帚菜(别名:地肤、千条子、扫帚子)、萹蓄(别名:猪芽草、竹鞭菜、竹节草)、鸭跖草(别名:碧竹子、兰花草、竹叶菜、鸡冠菜、鸭抓菜、淡竹叶)、菱、莲、芦苇、青苔等。

蘑菇(菌)在我国分布很广,是人们喜爱的一种食品。通常食用的有:香菇、草菇、口蘑、猴头菌等。蘑菇一般的吃法是炒食或做汤,藏族同胞往往在野外采摘后用火烤后沾盐食用,也别具风味。

食用蘑菇要特别注意识别毒蘑。在民间,对于识别毒蘑和可食蘑有许多说法,但没有一条是完全可靠的。因为,蘑菇的外形、色泽、生态等与其有无毒素并没有直接关系。到现在为止,专家对于毒蘑与可食蘑的区别,尚没有找出比较简易可行的方法来。生物化学鉴定法实施过程相当复杂,不容易推广,一般只有根据实际经验判断。没有经验的人最好不要采食,这样就不致误食中毒了。

误食毒蘑后,应尽快设法排除毒物,除可用温盐水灌肠导泻外,对中毒后不呕吐的人,还要饮大量稀盐水或用手指按咽喉部引起呕吐,并用1%的盐水或浓茶水反复洗胃,以免机体继续吸收毒素。

海岸和岛屿生长着许多海藻。常见的可食海藻有:红毛菜、角叉菜、鸡冠菜(别名:鸡脚菜)、刺海松(别名:海松)、紫菜(别名:甘紫菜)、裙带菜(别名:昆布)、鹅掌(别名:面其菜)等。

三、住

野外行动,不可避免地要在荒野中露营。露营地点的选择,首先应考虑靠近水源和燃料,同时还要考虑防避风雨和蚊虫。此外,还应注意防避雪崩、滚石以及突如其来的山洪和涨水等。

夏季,露营地点应选择在干燥、地势较高、通风良好、蚊虫较少的地方。通常,湖泊附近和通风的山脊、山顶是夏天较为理想的设营地点。

冬季,设营地点应视风向以及距燃料、设营材料、水源的远近等情况而定。一般来说,森林和灌木丛是理想的设营地。应避开易被积雪掩埋的地点,如崖壁的背风处等,因为在这种地形上,风很快会吹起大量的雪将帐篷或遮棚埋没。

(一)简易帐篷的架设

架设简易帐篷可使用方块雨布、军毯、帆布、降落伞等就便器材。

1.屋顶形帐篷

将绳子拴在两棵树之间,或用随身携带的包带连接,两端固定在地上。然后将方块雨布搭在绳子或背包带上,底边用石块压牢即成。也可将数块雨布连接,构成4—8人用的大帐篷。这种屋顶形帐篷适合各种地形。

2.一面坡形帐篷

这种帐篷适于在断墙、棱坎等处架设。架设时,把雨布一头固定在墙壁或棱坎上,另一头固定在地上,两边用树枝、野草堵塞挡风。在林地架设时,也可以用树木固定。

冬季架设帐篷应注意,在雪层较薄的地区,应先将架设地点的雪扫尽。在雪层较深的地区,如果只是暂时驻留,可不必清扫积雪,但应将雪压实、压平,在冻结的地面上形成一道隔绝层。如果暂时不转移,则应在雪地中挖坑埋设帐篷,这样可以更好地抵御寒风。在开阔地上架设帐篷时,可在帐篷迎风面筑一道雪墙,既可挡风又便于生火。

(二)临时遮棚的搭制

在森林中过夜,最好不要露宿。因为当人睡着之后,血液循环变慢,皮肤松弛,对外界的抵抗力降低,皮肤上的露水蒸发时又带走了热量,会使人着凉受寒,关节酸痛。林区露营,可就地取材搭制临时遮棚。

1.一面坡遮棚

这种遮棚通常适用于林区。构筑时,选择两棵树做立柱。然后在距地面一米处绑一横杆,横杆上斜搭(约45度)若干根后杆。后杆上再绑上两条横杆,即可将树枝像铺瓦一样,一层层重叠地搭挂在支架上。遮棚的两侧也用树枝遮堵。冬季,在遮棚透空面可架设长条形篝火取暖。

在山地和海岸边露营，应尽量利用自然的洞穴。海岸附近常有被海浪侵蚀的崖洞，洞里如果有虫，可以燃烟将其熏死。夜晚在洞口生火，可防野兽。

如果找不到合适的洞穴，可选一个直立的岩壁，用两根木头靠着岩壁支起来，在两根木头之间绑上一些横木，再把草或树枝挂在横木上面(其形式与一面坡遮棚大致相同)，一个临时栖身的岩壁遮棚即告完成。

2.丛林遮棚

在热带丛林地带，应搭制较严密的遮棚，以防蛇虫和暴雨。通常，遮棚可设置在便于排水的高地，在天气闷热时，高地也常有凉爽的微风。

在丛林中可充分发挥创造性，利用树木、竹、藤、茅草、芭蕉叶等天然植物并结合雨布、蚊帐等就便器材，搭制各种形式的遮棚。其基本方法是："先撑棚架后盖顶，围墙铺床同时行，最后挖出排水沟，铲除杂草把地平。"

在潮湿和有野兽侵害的地方，可将遮棚搭在树上。搭制遮棚的材料应选用新砍伐的质地坚硬的树木枝干，因为枯木很快就会腐烂，而且往往有各种昆虫蛰伏。芭蕉叶或棕榈叶可用来铺盖顶篷。捆扎材料要尽量就地取材，如使用藤蔓和软木的内皮，以节省绳子和背包带。因为绳子和背包带在野外还有其他各种用途。

(三)雪洞和猫耳洞的构筑

寒区积雪厚的地区可以掏筑雪洞以避风寒，洞容量的大小根据需要而定。适宜掏筑雪洞的地方往往是冲沟、土坑或山谷等积雪较深处。积雪在1.5米以上即可直接开口掏筑。积雪较薄的地方可以将雪堆积起来后开口构筑。

雪洞一般不宜过大，否则容易坍塌。洞口最好掏成拱形，开在避风之处。为防止冷风直吹洞内，开口后可拐一至两个直角弯。洞掏好后，可用雨衣、大衣或干草、树叶封闭洞口保温。但须留一通气孔。为了确保安全，雪洞内一定要留一把铁锹或刀，在暴风雪之后，可能需要用来挖掘出口。若没有睡袋、皮大衣，在雪洞中要注意不要睡着，应想方设法让自己保持清醒。在雪洞中，可在脚前掘个坑，因冷空气会下沉，用坑来收集冷空气，使身体尽量保持温度。

在冰雪覆盖的开阔地上，如无其他可利用的遮蔽物，可用压实的雪块或冰块，修筑一U形雪墙，作为临时的避风之处。

猫耳洞的形式与步兵防炮洞大致相仿，即在沟壕、土坡的侧壁掏一个可以栖身的洞，不过面积略大。洞口应开设在土质好的阳坡、背风处，尽量避开阴坡、风口。猫耳洞的防寒效果很好，通常洞内温度可比洞外高12℃－20℃左右。

在积雪深厚的地方驻留时间较长，可用压实的雪块筑雪屋。先挖一条仅能容一个人爬进雪屋的通道，然后将雪块按螺旋形的方向垒放，缝隙涂一层薄雪。生活在北极的爱斯基摩人就常建筑这样的雪屋临时居住。

无临时栖身的洞穴、帐篷时，烧石睡床也适于冬季露营。挖一个与身材大致相同的坑，在坑底铺上已烧热的石头，上面覆上热灰土使之平坦，然后再铺枯草、枯叶即可。

寒区露营，夜间不要睡觉，应利用白天中午气温较高时，睡1－2小时。

雪地宿营睡袋不能直接放在有冰雪的地面上，可把松树枝和外衣铺在睡袋下面，以免人体使冰雪融化而发冷。在使用睡袋前应使其充分蓬松，这样保温效果更好。睡袋必须经常保持干燥，晴天时应将其晒干。每次使用后，要把袋内的暖空气放掉，以免暖空气遇冷后水汽凝结弄湿睡袋。进睡袋时衣服不可穿得过多，穿多了会使人出汗，致使睡袋潮湿，隔热性能降低。

为了在睡袋中使身体产生热量，可侧躺在睡袋一边，模仿骑自行车的动作，用力摆动手和腿，直到四肢升温。靠着这个温度，可睡1—2个小时。整夜这样反复，可保不致被冻僵冻死。

如果没有睡袋，可将毛毯折叠成睡袋的形状，方法是：将毯子对折，上部比下部长，将较长的部分叠压在身体下方，再把脚部的毯子叠到毯下，如此就可以如睡袋一样保暖。

另外，保持服装干燥，特别是手套和袜子的干燥很重要。夜间最好用火烘干或放在睡袋里，在人睡眠时用体温使其干燥。鞋最好也放在睡袋里面。如把鞋子放在睡袋外面，到第二天早晨，它会被冻硬，不仅不好穿，而且还会磨伤脚，而融化冻靴子要用一个多小时的时间。还要注意不可穿着鞋子烤脚，这样不但不易烘干，反而使鞋内产生水汽，再外出时在冰雪中步行会凝结成冰，容易发生冻伤。

寒冷时绝对不要饮酒，饮酒虽然暂时可以造成身体发热的感觉，但实际上酒精使血管扩张，增加了身体的散热，容易消耗体力。

冬季露营应想尽一切办法取暖。在条件允许的情况下，燃点篝火是有效的取暖措施，但在受敌情或燃料（树木、柴草）限制的条件下，可采取其他一些措施防寒保暖。

四、野外常见伤病的防治

（一）蚊虫叮咬的防治

发生在森林、草原、河谷、荒漠等偏僻地区的一些自然疫源性疾病，传染途径主要是由昆虫传播给人类。它们在叮咬发病的动物后，再叮咬人时，就会将病原体注入人的血液而使人发病。热带丛林中传播疾病或病原体的昆虫主要有：蚊、蜱、恙虫、蠓、牛虻、蚋等。

为了防止昆虫的叮咬，人员应穿长袖服和长裤，扎紧袖口、领口，皮肤暴露部位涂搽防蚊药。不要在潮湿的树阴和草地上坐卧。常年驻守边防的战士说得好："不怕蚊虫闹得欢，野艾野蒿一缕烟。"宿营时，可烧点艾叶、青蒿、柏树叶、野菊花等驱赶。被昆虫叮咬后，可用氨水、肥皂水、盐水、小苏打水、氧化锌软膏涂抹患处止痒消毒。

蚂蟥也是对野外生存的人们危害很大的虫类。蚂蟥的种类很多，有生长在阴湿低凹的林中草地上的旱蚂蟥，也有生长在沼泽、池塘中的水蚂蟥，还有生长在山溪、泉水中的寄生蚂蟥（幼虫呈白色，肉眼不易发现）。蚂蟥吸血量很大，可吸取相当于它体重2—10倍的血液。同时，由于蚂蟥的唾液有麻醉和抗凝作用，在其吸血时，人往往无感觉，而当其饱食离去时，伤口仍会流血不止，常造成感染、发炎和溃烂。

遇到蚂蟥叮咬，不要硬拔，可用手拍打或用肥皂液、盐水、烟油、酒精滴在其前吸盘处，或用燃烧着的香烟烫，让其自行脱落，然后压迫伤口止血，并用碘酒涂搽伤口，以防感染。

(二)蛇伤的处置

毒蛇是令人恐惧的，但是除了眼镜王蛇以外，蛇一般不主动攻击人。蛇的听觉和视觉较差，但感觉灵敏，对栖息处的地面或树枝的振动极为敏感，一遇响动便会逃之夭夭。因此在丛林地区行进，可手拿棍棒“打草惊蛇”。通常蛇在遇到人而又躲避不及时，便蜷曲成一团，并将头弯在中央警惕地注视着发出声响或敌害晃动的方向。此时，人如果不注意而未发现它，或无意踩及触及它，毒蛇就会有攻击性。因此，在毒蛇出没的地区行动时，应随时提高警惕，以减少被咬的可能性。一般被蛇咬的部位有70％以上是足部，如穿长裤、高帮解放鞋，可较好地避免被咬伤和中毒。在多蛇的热带丛林中活动，还要警惕树上有无毒蛇。野外露营时，在住地周围适当撒一些石灰粉，可防毒蛇侵入。睡前检查床铺，压好蚊帐，早晨起来检查鞋子。做到这些，一般可保无虞。美国海军陆战队曾统计过，在丛林地作战，蛇咬伤致死的危险要比因吉普车失事或意外地被枪弹打死的可能性小得多。

人一旦被蛇咬伤，首先应分清是无毒蛇还是有毒蛇咬的，这可从皮肤上的伤痕来鉴别。如确系无毒蛇咬伤(一般在15分钟内没有什么反应)，可按一般外伤处理。若无法判断，则应按毒蛇咬伤处理。被毒蛇咬伤后，切勿惊慌失措和奔跑，而应使伤口部位尽量放到最低位置，保持局部的相对固定，以减缓蛇毒在人体内的扩散和吸收，并立即用柔软的绳子、布条或者就近拾取适用的植物茎、叶，在伤口上方约2—10厘米处结扎，松紧程度以能阻断淋巴和静脉血的回流，而又不影响动脉血流为宜。结扎的动作要迅速，最好在受伤后3—5分钟内完成。以后每隔15—20分钟放松1—2分钟，以免被扎肢体因血阻而坏死。结扎后，可用清水、冷开水加盐或肥皂水冲洗伤口，以洗去周围黏附的毒液，减少吸收。经过冲洗处理后，再用锐利的小刀挑破伤口，或挑破两个毒牙痕间的皮肤，同时可在伤口周围的皮肤上，用小刀挑开如米粒大小破口数处。这样可使毒液外流，并防止创口闭塞，但不要刺得太深，以免伤及血管。咬伤的四肢若肿胀严重时，可用刀刺“八邪”或“八风”穴进行挤压排毒。还可直接用嘴长时间吸吮伤口排毒,边吸边吐,每次都要用清水漱口,若口腔内有黏膜破溃、龋齿等情况就绝不能用口吸,以免中毒。若有蚂蟥,可捉放在伤口上吸出毒血。

在用有效的蛇药30分钟之后,可去掉结扎。如无蛇药片,可就地采用几种清热解毒的草药,如半边莲、芙蓉叶,以及马齿苋、野跖草、鱼腥草等,将其洗涤后加少许食盐捣烂外敷。敷时不可封住伤口,以免妨碍毒液流出,并要保持药料新鲜,以防感染。

(三)其他野外伤病的救治

1. 昏厥

野外造成昏厥的原因多是由于摔伤、疲劳过度、饥饿过度等。主要表现为脸色突然苍白,脉搏微弱而缓慢,失去知觉。遇到这种情况,不必惊慌,一般过一会儿便会苏醒。醒来之后,应喝些热水,并休息。

2. 中毒

其症状是恶心、呕吐、腹泻、胃疼、心脏衰弱等。遇到这种情况,首先要洗胃,快速喝大量的水,用手指触咽部引起呕吐,然后吃蓖麻油等泻药清肠,再吃活性炭等解毒药及其他镇静药,多喝水,以加速排泄。为保证心脏正常跳动,应喝些糖水、浓茶,暖暖脚,并立即送医院救治。

3. 中暑

其症状是突然头晕、恶心、昏迷、无汗或湿冷,瞳孔放大,发高烧。发病前,常感口渴头晕,浑身无力,眼前阵阵发黑。此时应立即在阴凉通风处平躺,解开衣裤带,使全身放松,再服十滴水、仁丹等药。如昏迷不醒,可掐人中穴、合谷穴,促其苏醒。

4. 冻伤

如发现皮肤有发红、发白、发凉、发硬等现象,应用手或干燥的绒布摩擦伤处,促进血液循环,减轻冻伤。轻度冻伤用辣椒泡酒涂擦便可见效。如发生身体冻僵的情况,不要立即将伤者抬进温暖的室内,应先摩擦伤者肢体,做人工呼吸,待伤者恢复知觉后再移到较温暖的地方抢救。

5. 蜇伤

被蝎子、蜈蚣、黄蜂等毒虫蜇伤后,伤口红肿、疼痒,并伴有恶心、呕吐、头晕等症状，要先挤出毒液，然后用肥皂水、氨水、烟油、醋等涂擦伤口，或用马齿苋捣碎，汁冲服，渣外敷。也可用蜗牛洗净后捣碎涂在伤口上。此外，蒜汁对蜈蚣咬伤也有疗效。

第四节 侦 察

侦察是为了查明敌情、地形和有关作战的其他情况而进行的活动。侦察材料是各级指挥员判断情况，下决心，制定作战计划和实施指挥的重要依据。及时、准确和不间断的侦察，是保障战争胜利的重要条件。

一、侦察的内容和侦察前的准备

(一)侦察的内容

地面战争要求侦察分队(员)获取的主要情报是敌情、社情和地理、气候情况等。每次侦察的具体内容，应根据作战任务来决定。

(1) 对防御之敌的侦察，是为了我军的进攻，更确切地说，就是为了选准攻击点、攻击时机和如何使用兵力。为此，就必须查明敌人的兵力、部署和地形。其中，兵力应着重了解敌人的番号(即部队名称)，它能帮助我们了解这个部队的性质、历史、兵员和武器装备等，是衡量战斗力的重要依据。部署则应弄清防御前沿阵地、指挥所的位置，工事构筑、障碍物的性质和位置，以及兵力配备、翼侧、接合部、间隙地等。这些情况能帮助我们选准攻击点和决定兵力作用，如指挥部是要害部位，如能设法先摧毁它，就可使敌人全线崩溃；而接合部、间隙地往往是敌人的弱点，是我军较理想的突破口。地形是决定进攻路线的因素之一。确定路线的好坏，在一定程度上会影响我军进攻的速度和所付出的代价。

(2) 对进攻之敌，要查明敌人的战斗编成、行动企图、集结地点、开进时间及路线等，以便适时组织火力，打击敌人。

(3) 对敌特种兵(如炮兵、化学兵、装甲兵等)，主要应查明兵力、驻地、转移方向和使用征候，以利防备和摧毁之。

(4) 对我军行动地带，应查明道路性质(铁路、公路、大道和小道等)、数量和通行情况;居民地的分布及其政治、经济情况;敌人可能实施伏击、空降的地点等,以决定我军行动路线和方法。

此外,天气、潮汐等对军事行动有影响的情况,也是侦察的重要内容之一。对各种地形地物的侦察,我们将在下面详细介绍。

(二)侦察前的准备

侦察人员在远离上级和主力部队的条件下执行任务,随时都可能遇到各种情况,所以应在侦察前就做好充分的思想、组织、物质和技术等准备工作。

(1) 明确任务的性质和意义,树立高度的政治责任心和战斗积极性。在任何艰难困苦的情况下,都应顾全大局,不怕牺牲,排除万难,坚决完成侦察任务,为整个战斗的胜利创造条件。

(2) 根据已有的情况制定侦察计划,特别是敌情、社情、地形、道路、天气等对完成任务有影响的因素,应尽量了解,以便从中分析执行任务的有利条件、不利条件和可能遇到的各种情况,拟定侦察计划。条件允许时,应将任务、情况、计划等交给所有执行任务人员讨论,以发挥集体智慧,使大家心中有数,行动步调一致。

(3) 编组分工。执行重要、艰巨任务的侦察分队,通常应根据敌情、地形、任务和分队兵力,进行编组分工,如有的执行侦察任务,有的担任保障,有的组织救护等。

(4) 物质准备。主要是领取和检查各种武器装备和侦察器材,如武器、弹药、装具、绳子、匕首、救护药品、干粮、指南针、望远镜、手电筒、窃听器,以及通信、防化学、渡河、克服障碍的器材等。为了避免泄露我军的机密,出发前还应收缴个人的文件、笔记本等。

(5) 技术准备。包括伪装、规定各种情况下的信号和记号,以及进行一些必要的战前演练等。

伪装是保障我军行动隐蔽的有效措施,在战争中应用很广泛。侦察人员应根据自己所要执行的任务,行动地区的自然景色,以及可能利用的材料,进行严格的伪装。伪装的方法有:化装成普通群众或敌军人员,用伪装网或束枝将头部和上身伪装起来,以及穿伪装工作服等。制作伪装网、束枝,可选用树枝、青草、稻草、芦苇等就便材料,或用染色布条、麻绳、棉线等。

二、几种地形地物的侦察

(一)对高地的侦察

应占领附近有利地形,先观察高地的顶端和两侧,然后由侦察组绕到高地翼侧观察反斜面(山背)情况,再逐次向上搜索前进;火力组应占领有利地形,准备以火力支援侦察组的行动,待侦察组发出可通行的信号后,再通过高地。如遇到可能被敌利用的重要高地或复杂地形时,组与组之间可交替掩护,逐段搜索前进。

在高地上,应尽量利用阴影处,切忌在山顶或透空(无地物背景)的棱线(如山梁)运动和停留,以免暴露自己。

(二) 对丛林和高苗地(如高粱地)的侦察

侦察时由于不便观察和联络,并且容易迷失方向,因此必须利用树木和高苗的掩护,加强观察和联络。一般的方法是:先对丛林的边沿、间隙和林内阴暗处进行观察,如视度受到限制时,可抵近潜听林内有无可疑征候,并察看林外的道路有无人马足迹。判明情况后,隐蔽地进入林内,根据丛林大小、疏密程度采用适当的队形,相互支援,交替侦察前进。行进时,要肃静,不要撞到树枝、踏响枯草,并时常停步倾听四周的音响,观察树上、丛草的征候。在出林之前,应先严密观察林外情况,选好停止的位置,然后迅速跃出丛林。

进入高苗地时,应利用沟垅前进,防止发出响声和摆动高苗,并注意折断的高苗,以判断情况。

(三) 对居民地的侦察

先在居民地外面占领有利地形,观察居民地边沿和内部的情况,尤其注意有无异常现象,然后确定需要侦察的目标,由侦察组进入居民地侦察,其余各组在外支援、接应。

侦察组进村前,应先对边沿独立房屋进行搜索。晚上进村后要避开光亮处。通过门窗时,姿势要低,月夜要防止自己的身影映入室内。行进时可利用道路两旁的墙角，彼此交互前进和交互观察。通过横巷时，应先由巷口对面的侦察员进行观察，等他发出可通行的信号后，再通过巷口或转入巷内。进入房屋前应先观察周围情况，然后由一人在门口封锁，一人向窗内观察或瞄准，一人进屋搜索。

离开居民地时，应先向假方向前进，然后再转向预定的侦察方向，以迷惑敌人。同时，要注意有无敌人跟踪。

(四) 对河流、桥梁的侦察

应先察看我岸有无敌情，并选择接近路线和占领地点，然后隐蔽接近，根据任务查明河深、流速、河宽、河床性质、两岸地形，及渡口、徒涉场等。如需通过河流，可由侦察组在火力掩护下尽快占领对岸有利地形，再掩护全队渡河。如对岸有敌防守，应选择敌人间隙地隐蔽通过或绕至敌侧翼，查明守敌的兵力部署及渡河器材情况。

对桥梁，应判明构造性质、载重量，桥头、桥底有无守敌和桥两端有无布雷征候。如桥梁被破坏，应查明破坏的程度，修复所需的时间，附近有无修复材料或徒涉场地等。

(五) 对谷地、隘路的侦察

如不能从上面观察时，可由侦察组沿谷地搜索前进，余部沿谷地两侧前进，相互保持密切联系。

通过隘路时，先观察入口处的情况，然后由一人(组)接近入口处观察。如隘路较短，先由一人(组)通过，到出口处观察后，再全队通过；如隘路较长，则采用一路纵队通过或分组交替搜索前进。到出口处后，先隐蔽观察出口处外面情况，然后迅速跃出。

(六) 对染毒地段的侦察

应查明染毒性质、范围及附近有无敌人伏击，并做好标记；侦察分队可视情况决定通过或绕道而过。

三、观察

(一)观察的方法

观察是通过目力或借助观察器材对一定地域或目标进行监视和察

看，是应用得比较广泛的一种侦察手段。

观察位置应选择在视界开阔，能够察看到指定区域或目标的全貌，并且地形隐蔽、便于伪装、便于报告的地方。白天，可在高处，如高地、树丛或建筑物的上层，但要避开独立明显的物体或易被敌人透空观察的地方。在观察位置上不能乱动，以免暴露自己；需要转移、撤离或报告而进出观察位置时，也要力求隐蔽。

观察时，应先对观察区域内的各种地形地物有一个全面了解，并熟记；然后聚精会神、先近后远、由右（左）到左（右）、反复不断地进行观察。如果发现新的变化，应当引起注意，直到弄清为止。如果不按上法观察，而是东看一眼西看一眼，就会造成不少漏洞，甚至已观察到的地方，也不能发现敌情。

对于容易被敌人利用的地形地物和重要目标，应重点注意；对于禾苗、草丛、小树丛，应观察它的摇动情况，判明是风吹的还是人触动的；对山丘棱线、容易攀登的地方，可以通过听各种声音、观察林空的鸟禽动静来判断；对居民地，应注意进出口、边沿、围墙和拐角；对屋顶、大树，应注意上边是否有人向我方观察；对复杂地形，应注意两种不同地形的结合部。

观察员对于一切重要的情况，无论是敌人的、友邻的或是自己部队的，都要及时报告指挥员。口头报告时，必须简单扼要、明确果断，不要使指挥员感到模糊、犹疑。如“目标，独立树左 50 米，敌轻机枪”，“正前方小庙右三指幅，有敌人散兵运动”。远方观察员可携带电话机、手旗等通讯工具。情况紧急时，可鸣枪报警。

（二）各种征候的判断

敌人的行动虽然诡秘，但也有征兆可寻，有端倪可察，有前后现象可供思索。在观察和窃听时，对所发现的异常现象，应结合敌人的活动规律和特点，加以分析判断。如：

（1）在海面、海滩上发现无人空船或泅水登陆器材时，可能有敌人偷渡潜入。

（2）在海面上有镜头反光或有前进的波纹、浪花出现时，可能是潜艇活动。

(3) 海面上有马达声或浓烟飘散，夜间有灯光等，可能是舰、船航行时的征候。

(4) 在复杂、偏僻的山岳地区，发现敌机盘旋、直升机起落，或在空中、地面发现空投物资和降落伞，可能是敌特空降。

(5) 树木、禾苗无风摆动，突然鸟飞兽奔、虫鸣停止，可能有人行动。

(6) 村庄中狗叫、鸡飞、人喧哗，或村庄人员有进有出，或出现反常肃静，可能是敌人进村。

(7) 敌人进驻时，马不下鞍，东西不下车，白天部队不分散，夜间人员不打开背包，可能不会久留。敌人住过的地方，往往会留下宿营的痕迹，如锅灶、车辙、脚印、大小便迹、遗留物品等。

(8) 夜晚可以根据敌人哨兵发问口令声音，判断其位置，根据村庄大小和敌人的火光暴露程度，判断敌人的兵力。

(9) 根据尘土飞扬程度和移动方向，可以判断敌人兵种和运动方向。如尘土低而浓、移动缓慢的是步兵；尘土高而淡、移动迅速的是骑兵；尘土高而浓、有马达声的是炮兵或摩托部队。

(10) 根据声音可以判断运动中的敌人兵种。如：从远方来的“沙沙”声是步兵；笨重的钢铁摩擦声和炮车隆隆声是炮兵；摩托声是汽车、坦克或飞机等。

附 录

一、中华人民共和国国防法

（1997 年 3 月 14 日第八届全国人民代表大会第五次会议通过 1997 年 3 月 14 日中华人民共和国主席令第八十四号公布 自公布之日起施行）

目 录

第一章　总　则

第一条　为了建设和巩固国防，保障社会主义现代化建设的顺利进行，根据宪法，制定本法。

第二条　国家为防备和抵抗侵略，制止武装颠覆，保卫国家的主权、统一、领土完整和安全所进行的军事活动，以及与军事有关的政治、经济、外交、科技、教育等方面的活动，适用本法。

第三条　国防是国家生存与发展的安全保障。

国家加强武装力量建设和边防、海防、空防建设，发展国防科研生产，普及全民国防教育，完善动员体制，实现国防现代化。

第四条　国家独立自主、自力更生地建设和巩固国防，实行积极防御战略，坚持全民自卫原则。

国家在集中力量进行经济建设的同时，加强国防建设，促进国防建设与经济建设协调发展。

第五条　国家对国防活动实行统一的领导。

第六条　保卫祖国、抵抗侵略是中华人民共和国每一个公民的神圣职责。中华人民共和国公民应当依法履行国防义务。

第七条　国家和社会尊重、优待军人，保护军人的合法权益，开展各种形式的拥军优属活动。

中国人民解放军和中国人民武装警察部队开展拥政爱民活动，加强军政、军民团结。

第八条　中华人民共和国在对外军事关系中，维护世界和平，反对侵略扩张行为。

第九条　国家和社会对在国防活动中作出贡献的组织和个人，采取各种形式给予表彰和奖励。

违反本法和有关法律，拒绝履行国防义务或者危害国防利益的，依法追究法律责任。

第二章 国家机构的国防职权

第十条 全国人民代表大会依照宪法规定，决定战争和和平的问题，并行使宪法规定的国防方面的其他职权。

全国人民代表大会常务委员会依照宪法规定，决定战争状态的宣布，决定全国总动员或者局部动员，并行使宪法规定的国防方面的其他职权。

第十一条 中华人民共和国主席根据全国人民代表大会的决定和全国人民代表大会常务委员会的决定，宣布战争状态，发布动员令，并行使宪法规定的国防方面的其他职权。

第十二条 国务院领导和管理国防建设事业，行使下列职权：

(一)编制国防建设发展规划和计划；

(二)制定国防建设方面的方针、政策和行政法规；

(三)领导和管理国防科研生产；

(四)管理国防经费和国防资产；

(五)领导和管理国民经济动员工作和人民武装动员、人民防空、国防交通等方面的有关工作；

(六)领导和管理拥军优属工作和退出现役的军人的安置工作；

(七)领导国防教育工作；

(八)与中央军事委员会共同领导中国人民武装警察部队、民兵的建设和征兵、预备役工作以及边防、海防、空防的管理工作；

(九)法律规定的与国防建设事业有关的其他职权。

第十三条 中央军事委员会领导全国武装力量，行使下列职权：

(一)统一指挥全国武装力量；

(二)决定军事战略和武装力量的作战方针；

(三)领导和管理中国人民解放军的建设，制定规划、计划并组织实施；

(四)向全国人民代表大会或者全国人民代表大会常务委员会提出议案；

（五）根据宪法和法律，制定军事法规，发布决定和命令；

（六）决定中国人民解放军的体制和编制，规定总部以及军区、军兵种和其他军区级单位的任务和职责；

（七）依照法律、军事法规的规定，任免、培训、考核和奖惩武装力量成员；

（八）批准武装力量的武器装备体制和武器装备发展规划、计划，协同国务院领导和管理国防科研生产；

（九）会同国务院管理国防经费和国防资产；

（十）法律规定的其他职权。

第十四条　国务院和中央军事委员会可以根据情况召开协调会议，解决国防事务的有关问题。会议议定的事项，由国务院和中央军事委员会在各自的职权范围内组织实施。

第十五条　地方各级人民代表大会和县级以上地方各级人民代表大会常务委员会在本行政区域内，保证有关国防事务的法律、法规的遵守和执行。

地方各级人民政府依照法律规定的权限，管理本行政区域内的征兵、民兵、预备役、国防教育、国民经济动员、人民防空、国防交通、国防设施保护、退出现役的军人的安置和拥军优属等工作。

第十六条　地方各级人民政府和驻地军事机关根据需要召开军地联席会议，协调解决本行政区域内有关国防事务的问题。

军地联席会议由地方人民政府的负责人和驻地军事机关的负责人共同召集。军地联席会议的参加人员由会议召集人确定。

军地联席会议议定的事项，由地方人民政府和驻地军事机关依照各自的权限办理，重大事项应当分别向上级报告。

第三章　武装力量

第十七条　中华人民共和国的武装力量属于人民。它的任务是巩固国防，抵抗侵略，保卫祖国，保卫人民的和平劳动，参加国家建设事业，全心全意为人民服务。

第十八条 中华人民共和国的武装力量必须遵守宪法和法律，坚持依法治军。

第十九条 中华人民共和国的武装力量受中国共产党领导。武装力量中的中国共产党组织依照中国共产党章程进行活动。

第二十条 国家加强武装力量的革命化、现代化、正规化建设，增强国防力量。

第二十一条 中华人民共和国的武装力量应当适应现代战争的要求，加强军事训练，开展政治工作，提高保障水平，全面提高战斗力。

第二十二条 中华人民共和国的武装力量，由中国人民解放军现役部队和预备役部队、中国人民武装警察部队、民兵组成。

中国人民解放军现役部队是国家的常备军，主要担负防卫作战任务，必要时可以依照法律规定协助维护社会秩序；预备役部队平时按照规定进行训练，必要时可以依照法律规定协助维护社会秩序，战时根据国家发布的动员令转为现役部队。

中国人民武装警察部队在国务院、中央军事委员会的领导指挥下，担负国家赋予的安全保卫任务，维护社会秩序。

民兵在军事机关的指挥下，担负战备勤务、防卫作战任务，协助维护社会秩序。

第二十三条 中华人民共和国武装力量的规模应当与保卫国家安全和利益的需要相适应。

第二十四条 中华人民共和国的兵役分为现役和预备役。现役军人和预备役人员的服役制度由法律规定。

国家依照法律规定对现役军人和预备役人员实行衔级制度。

第二十五条 国家禁止任何组织或者个人非法建立武装组织，禁止非法武装活动，禁止冒充现役军人或者武装力量组织。

第四章　边防、海防和空防

第二十六条　中华人民共和国的领陆、内水、领海、领空神圣不可侵犯。国家加强边防、海防和空防建设，采取有效的防卫和管理措施，保卫领陆、内水、领海、领空的安全，维护国家海洋权益。

第二十七条　中央军事委员会统一领导边防、海防和空防的防卫工作。

地方各级人民政府、国务院有关部门和有关军事机关，按照国家规定的职权范围，分工负责边防、海防和空防的管理和防卫工作，共同维护国家的安全和利益。

第二十八条　国家根据边防、海防和空防的需要，建设作战、指挥、通信、防护、交通、保障等国防设施。各级人民政府和军事机关应当依照法律、法规的规定，保障国防设施的建设，保护国防设施的安全。

第五章　国防科研生产和军事订货

第二十九条　国家建立和完善国防科技工业体系，发展国防科研生产，为武装力量提供性能先进、质量可靠、配套完善、便于操作和维修的武器装备以及其他适用的军用物资，满足国防需要。

第三十条　国防科技工业实行军民结合、平战结合、军品优先、以民养军的方针。

国家统筹规划国防科技工业建设，保持规模适度、专业配套、布局合理的国防科研生产能力。

第三十一条　国家促进国防科学技术进步，加强高新技术研究，发挥高新技术在武器装备发展中的先导作用，增加技术储备，研制新型武器装备。

第三十二条　国家对国防科研生产实行统一领导和计划调控。

国家为承担国防科研生产任务的企业事业单位提供必要的保障条

件和优惠政策。地方各级人民政府应当对承担国防科研生产任务的企业事业单位给予协助和支持。

承担国防科研生产任务的企业事业单位必须完成国防科研生产任务,保证武器装备的质量。

第三十三条 国家采取必要措施,培养和造就国防科学技术人才,创造有利的环境和条件,充分发挥他们的作用。

国防科学技术工作者应当受到全社会的尊重。国家逐步提高国防科学技术工作者的待遇,保护其合法权益。

第三十四条 国家根据国防建设的需要和社会主义市场经济的要求,实行国家军事订货制度,保障武器装备和其他军用物资的采购供应。

第六章 国防经费和国防资产

第三十五条 国家保障国防事业的必要经费。国防经费的增长应当与国防需求和国民经济发展水平相适应。

第三十六条 国家对国防经费实行财政拨款制度。

第三十七条 国家为武装力量建设、国防科研生产和其他国防建设直接投入的资金、划拨使用的土地等资源,以及由此形成的用于国防目的的武器装备和设备设施、物资器材、技术成果等属于国防资产。

国防资产归国家所有。

第三十八条 国家根据国防建设和经济建设的需要,确定国防资产的规模、结构和布局,调整和处分国防资产。

国防资产的管理机构和占有、使用单位,应当依法管理国防资产,充分发挥国防资产的效能。

第三十九条 国家保护国防资产不受侵害,保障国防资产的安全、完整和有效。

禁止任何组织或者个人破坏、损害和侵占国防资产。未经国务院、中央军事委员会或者国务院、中央军事委员会授权的机构批准,国防资产的占有、使用单位不得改变国防资产用于国防的目的。国防资产经批准不再用于国防目的的，依照有关法律、法规的规定管理。

第七章　国防教育

第四十条　国家通过开展国防教育，使公民增强国防观念、掌握国防知识、发扬爱国主义精神，自觉履行国防义务。

普及和加强国防教育是全社会的共同责任。

第四十一条　国防教育贯彻全民参与、长期坚持、讲求实效的方针，实行经常教育与集中教育相结合、普及教育与重点教育相结合、理论教育与行为教育相结合的原则。

第四十二条　国务院、中央军事委员会和省、自治区、直辖市人民政府以及有关军事机关，应当采取措施，加强国防教育工作。

一切国家机关和武装力量、各政党和各社会团体、各企业事业单位都应当组织本地区、本部门、本单位开展国防教育。

学校的国防教育是全民国防教育的基础。各级各类学校应当设置适当的国防教育课程，或者在有关课程中增加国防教育的内容。军事机关应当协助学校开展国防教育。

教育、文化、新闻、出版、广播、电影、电视等部门和单位应当密切配合，采取多种形式开展国防教育。

第四十三条　各级人民政府应当将国防教育纳入国民经济和社会发展计划，保障国防教育所需的经费。

第八章　国防动员和战争状态

第四十四条　中华人民共和国的主权、统一、领土完整和安全遭受威胁时，国家依照宪法和法律规定，进行全国总动员或者局部动员。

第四十五条　国家在和平时期进行动员准备，将人民武装动员、国民经济动员、人民防空、国防交通等方面的动员准备纳入国家总体发展规划和计划，完善动员体制，增强动员潜力，提高动员能力。

第四十六条 国家建立战略物资储备制度。战略物资储备应当规模适度、储存安全、调用方便、定期更换，保障战时的需要。

第四十七条 国务院和中央军事委员会共同领导动员准备和动员实施工作。

一切国家机关和武装力量、各政党和各社会团体、各企业事业单位和公民，在和平时期必须依照法律规定完成动员准备工作；在国家发布动员令后，必须完成规定的动员任务。

第四十八条 国家根据动员需要，可以依法征用组织和个人的设备设施、交通工具和其他物资。

县级以上人民政府对被征用者因征用所造成的直接经济损失，按照国家有关规定给予适当补偿。

第四十九条 国家依照宪法规定宣布战争状态，采取各种措施集中人力、物力和财力，领导全体公民保卫祖国，抵抗侵略。

第九章 公民、组织的国防义务和权利

第五十条 依照法律服兵役和参加民兵组织是中华人民共和国公民的光荣义务。

各级兵役机关和基层人民武装机构应当依法办理兵役工作，按照国务院和中央军事委员会的命令完成征兵任务，保证兵员质量。其他有关国家机关、社会团体和企业事业单位应当依法完成民兵和预备役工作，协助兵役机关完成征兵任务。

第五十一条 企业事业单位应当按照国家的要求承担国防科研生产任务，接受国家军事订货，提供符合质量标准的武器装备或者军用物资。

企业事业单位应当按照国家规定，在交通建设中贯彻国防要求。车站、港口、机场、道路等交通设施的管理单位应当为现役军人和军用车辆、船舶的通行提供优先服务，按照规定给予优待。

第五十二条　公民应当接受国防教育。

公民和组织应当保护国防设施，不得破坏、危害国防设施。

公民和组织应当遵守保密规定，不得泄露国防方面的国家秘密，不得非法持有国防方面的秘密文件、资料和其他秘密物品。

第五十三条　公民和组织应当支持国防建设，为武装力量的军事训练、战备勤务、防卫作战等活动提供便利条件或者其他协助。

第五十四条　公民和组织有对国防建设提出建议的权利，有对危害国防的行为进行制止或者检举的权利。

第五十五条　公民和组织因国防建设和军事活动在经济上受到直接损失的，可以依照国家有关规定取得补偿。

第十章　军人的义务和权益

第五十六条　现役军人必须忠于祖国，履行职责，英勇战斗，不怕牺牲，捍卫祖国的安全、荣誉和利益。

第五十七条　现役军人必须模范地遵守宪法和法律，遵守军事法规，执行命令，严守纪律。

第五十八条　现役军人应当发扬人民军队的优良传统，热爱人民，保护人民，积极参加社会主义物质文明、精神文明建设，完成抢险救灾等任务。

第五十九条　军人应当受到全社会的尊重。

国家采取有效措施保护现役军人的荣誉、人格尊严，对现役军人的婚姻实行特别保护。

现役军人依法履行职责的行为受法律保护。

第六十条　国家和社会优待现役军人。

国家保障现役军人享有与其履行职责相适应的生活福利待遇，对在条件艰苦的边防、海防等地区或者岗位工作的现役军人在生活福利等方面给予优待。

国家实行军人保险制度。

第六十一条 国家妥善安置退出现役的军人，为转业军人提供必要的职业培训，保障离休退休军人的生活福利待遇。

县级以上人民政府负责安置转业军人，根据其在军队的职务等级、贡献和专长安排工作。

接收转业军人的单位应当按照国家有关规定，在生活福利待遇、教育、住房等方面给予优待。

第六十二条 国家和社会抚恤优待残疾军人，对残疾军人的生活和医疗依法给予特别保障。

因战、因公致残或者致病的残疾军人退出现役后，县级以上人民政府应当及时接收安置，并保障其生活不低于当地的平均生活水平。

第六十三条 国家和社会优待现役军人家属，抚恤优待烈士家属和因公牺牲、病故军人的家属，在就业、住房、义务教育等方面给予照顾。

第六十四条 民兵、预备役人员和其他人员依法参加军事训练，担负战备勤务、防卫作战任务时，应当履行自己的职责和义务；国家和社会保障其享有相应的待遇，按照有关规定对其实行抚恤优待。

第十一章 对外军事关系

第六十五条 中华人民共和国坚持互相尊重主权和领土完整、互不侵犯、互不干涉内政、平等互利、和平共处五项原则，独立自主地处理对外军事关系，开展军事交流与合作。

第六十六条 中华人民共和国支持国际社会采取的有利于维护世界和地区和平、安全、稳定的与军事有关的活动，支持国际社会为公正合理地解决国际争端、军备控制和裁军所做的努力。

第六十七条 中华人民共和国在对外军事关系中遵守同外国缔结或者加入、接受的有关条约和协定

第十二章　附　则

第六十八条　本法关于军人的规定，适用于中国人民武装警察部队。

第六十九条　中华人民共和国特别行政区的防务，由特别行政区基本法和有关法律规定。

第七十条　本法自公布之日起施行。

二、中华人民共和国兵役法

（1984 年 5 月 31 日第六届全国人民代表大会第二次会议通过　根据 1998 年 12 月 29 日第九届全国人民代表大会常务委员会第六次会议《关于修改〈中华人民共和国兵役法〉的决定》修正）

目　录

第一章　总　则

第一条　根据中华人民共和国宪法第五十五条“保卫祖国、抵抗侵略是中华人民共和国每一个公民的神圣职责。依照法律服兵役和参加民兵组织是中华人民共和国公民的光荣义务”和其他有关条款的规定，制定本法。

第二条　中华人民共和国实行义务兵与志愿兵相结合、民兵与预备役相结合的兵役制度。

第三条　中华人民共和国公民，不分民族、种族、职业、家庭出身、宗教信仰和教育程度，都有义务依照本法的规定服兵役。

有严重生理缺陷或者严重残疾不适合服兵役的人，免服兵役。

依照法律被剥夺政治权利的人，不得服兵役。

第四条　中华人民共和国的武装力量，由中国人民解放军、中国人民武装警察部队和民兵组成。

第五条　兵役分为现役和预备役。在中国人民解放军服现役的称现役军人；编入民兵组织或者经过登记服预备役的称预备役人员。

第六条　现役军人和预备役人员，必须遵守宪法和法律，履行公民的义务，同时享有公民的权利；由于服兵役而产生的权利和义务，除本法的规定外，另由军事条令规定。

第七条　现役军人必须遵守军队的条令和条例，忠于职守，随时为保卫祖国而战斗。

预备役人员必须按照规定参加军事训练，随时准备参军参战，保卫祖国。

第八条　现役军人和预备役人员建立功勋的，得授予勋章、奖章或者荣誉称号。

第九条　中国人民解放军实行军衔制度。

第十条　全国的兵役工作，在国务院、中央军事委员会领导下，由国防部负责。

各军区按照国防部赋予的任务，负责办理本区域的兵役工作。省军区（卫戍区、警备区）、军分区（警备区）和县、自治县作。

部，兼各该级人民政府的兵役机关，在上级军事机关和同级人民政府领导下，负责办理本区域的兵役工作。

机关、团体、企业事业单位和乡、民族乡、镇的人民政府，依照本法的规定完成兵役工作任务。兵役工作业务，在设有人民武装部的单位，由人民武装部办理；不设人民武装部的单位，确定一个部门办理。

第二章　平时征集

第十一条　全国每年征集服现役的人数、要求和时间，由国务院和中央军事委员会的命令规定。

第十二条　每年 12 月 31 日以前年满 18 岁的男性公民，应当被征集服现役。当年未被征集的，在 22 岁以前，仍可以被征集服现役。

根据军队需要，可以按照前款规定征集女性公民服现役。

根据军队需要和自愿的原则，可以征集当年 12 月 31 日以前未满 18 岁的男女公民服现役。

第十三条　每年 12 月 31 日以前年满 18 岁的男性公民，都应当在当年 9 月 30 日以前，按照县、自治县、市、市辖区的兵役机关的安排，进行兵役登记。经兵役登记和初步审查合格的，称应征公民。

第十四条　在征集期间，应征公民应当按照县、自治县、市、市辖区的兵役机关的通知，按时到指定的体格检查站进行体格检查。

应征公民符合服现役条件，并经县、自治县、市、市辖区的兵役机关批准的，被征集服现役。

第十五条　应征公民是维持家庭生活的唯一劳动力或者是正在全日制学校就学的学生，可以缓征。

第十六条　应征公民被羁押正在受侦查、起诉、审判的或者被判处徒刑、拘役、管制正在服刑的，不征集。

第三章 士兵的现役和预备役

第十七条 士兵包括义务兵和志愿兵。

第十八条 义务兵服现役的期限为2年。

第十九条 义务兵服现役期满，根据军队需要和本人自愿，经团级以上单位批准，可以改为志愿兵。

志愿兵实行分期服现役制度。志愿兵服现役的期限，从改为志愿兵之日算起，至少3年，一般不超过30年，年龄不超过55岁。

根据军队需要，志愿兵也可以直接从非军事部门具有专业技能的公民中招收，具体办法由国务院、中央军事委员会制定。

第二十条 士兵服现役期满，应当退出现役。因军队编制员额缩减需要退出现役的，经军队医院诊断证明本人健康状况不适合继续服现役的，或者因其他特殊原因需要退出现役的，经师级以上机关批准，可以提前退出现役。

第二十一条 士兵退出现役时，符合预备役条件的，由部队确定服士兵预备役；经过考核，适合担任军官职务的，服军官预备役。

退出现役的士兵，由部队确定服预备役的，在回到本人居住地以后的30天内，到当地县、自治县、市、市辖区的兵役机关办理预备役登记。

第二十二条 按照本法第十三条规定经过兵役登记的应征公民，未被征集服现役的，服士兵预备役。

第二十三条 士兵预备役的年龄，为18岁至35岁。

第二十四条 士兵预备役分为第一类和第二类。

第一类士兵预备役包括下列人员：

（一）经过登记服士兵预备役的35岁以下的退出现役的士兵；

（二）经过登记服士兵预备役的35岁以下的地方与军事专业对口的技术人员；

（三）其他编入预备役部队和预编到现役部队的28岁以下的预备役士兵。

第二类士兵预备役包括下列人员：

(一)除服第一类士兵预备役的人员外，编入民兵组织的人员；

(二)其他经过登记服士兵预备役的35岁以下的男性公民。

本条第一类士兵预备役第(三)项所列人员，29岁转入第二类士兵预备役；预备役士兵年满35岁，退出预备役。

第四章 军官的现役和预备役

第二十五条 现役军官由下列人员补充：

(一)军事院校毕业的学员；

(二)在中央军事委员会批准开办的培训军官的机构受训后，经考核适合担任军官职务的士兵；

(三)高等院校、中等专业学校毕业的适合担任军官职务的学生；

(四)军队的文职干部和个别接收的非军事部门的专业技术人员。

在战时，现役军官还由下列人员补充：

(一)可以直接任命为军官的士兵；

(二)征召的预备役军官和适合服现役的非军事部门的干部。

第二十六条 预备役军官包括下列人员：

(一)退出现役转入预备役的军官；

(二)确定服军官预备役的退出现役的士兵；

(三)确定服军官预备役的高等院校毕业学生；

(四)确定服军官预备役的专职人民武装干部和民兵干部；

(五)确定服军官预备役的非军事部门的干部和专业技术人员。

第二十七条 军官服现役和服预备役的最高年龄由中国人民解放军军官服役条例规定。

第二十八条 现役军官按照规定服役已满最高年龄的，退出现役；未满最高年龄因特殊情况需要退出现役的，经批准可以退出现役。

军官退出现役时，符合服预备役条件的，转入军官预备役。

第二十九条 退出现役转入预备役的军官，退出现役确定服军官预备役的士兵，以及确定服军官预备役的高等院校毕业学生，在到达工作单位或者居住地以后的30天内，到当地县、自治县、市、市辖区的兵役机关办理预备役登记。

适合担任军官职务的专职人民武装干部、民兵干部、非军事部门的干部和专业技术人员，由县、自治县、市、市辖区的兵役机关进行登记，报请上级军事机关批准，服军官预备役。

预备役军官按照规定服预备役已满最高年龄的，退出预备役。

第五章 军事院校从青年学生中招收的学员

第三十条 根据军队建设的需要，军事院校可以从青年学生中招收学员。招收学员的年龄，不受征集服现役年龄的限制。

第三十一条 学员完成学业考试合格的，由院校发给毕业证书，按照规定任命为现役军官或者文职干部。

第三十二条 学员学完规定的科目，考试不合格的，由院校发给结业证书，回入学前户口所在地，由县、自治县、市、市辖区的人民政府按照国家同等院校结业生的安置办法安置。

第三十三条 学员因患慢性疾病或者其他原因不宜在军事院校继续学习，经批准退学的，由院校发给肄业证书，由入学前户口所在地的县、自治县、市、市辖区的人民政府接收安置。

第三十四条 学员被开除学籍的，由入学前户口所在地的县、自治县、市、市辖区的人民政府接收，按照国家同等院校开除学籍学生的处理办法办理。

第三十五条 本法第三十一条、第三十二条、第三十三条、第三十四条的规定，也适用于从现役士兵中招收的学员。

第六章 民 兵

第三十六条 民兵是不脱离生产的群众武装组织，是中国人民解放军的助手和后备力量。

民兵的任务是：

（一）积极参加社会主义现代化建设，带头完成生产和各项任务；

（二）担负战备勤务，保卫边疆，维护社会治安；

（三）随时准备参军参战，抵抗侵略，保卫祖国。

第三十七条 乡、民族乡、镇和企业事业单位建立民兵组织。凡18岁至35岁符合服兵役条件的男性公民，除应征服现役的以外，编入民兵组织服预备役。民兵干部的年龄可以适当放宽。

不建立民兵组织的单位，按照规定对符合服兵役条件的男性公民，进行预备役登记。

第三十八条 民兵分为基干民兵和普通民兵。28岁以下的退出现役的士兵和经过军事训练的人员，以及选定参加军事训练的人员，编为基干民兵；其余18岁至35岁符合服兵役条件的男性公民，编为普通民兵。

根据需要，吸收女性公民参加基干民兵。

陆海边疆、少数民族地区和城市有特殊情况的单位，基干民兵的年龄可以适当放宽。

第七章 预备役人员的军事训练

第三十九条 预备役士兵的军事训练，在民兵组织、预备役部队中进行，或者采取其他组织形式进行。

未服过现役的编入预备役部队、预编到现役部队的预备役士兵和基干民兵，在18岁至22岁期间，应当参加30天至40天的军事训练；其中专业技术兵的训练时间，按照实际需要适当延长。

服过现役和受过军事训练的预备役士兵的复习训练，普通民兵和未编入民兵组织的预备役士兵的军事训练，按照中央军事委员会的规定进行。

第四十条 预备役军官在服预备役期间，应当参加3个月至6个月的军事训练。

第四十一条 国务院和中央军事委员会在必要的时候,可以决定预备役人员参加应急训练。

第四十二条 预备役人员参加军事训练,由当地人民政府给予误工补贴。具体办法和补贴标准由国务院、中央军事委员会规定;在国务院、中央军事委员会作出规定之前,由省、自治区、直辖市规定。

第八章 高等院校和高级中学学生的军事训练

第四十三条 高等院校的学生在就学期间,必须接受基本军事训练。

根据国防建设的需要,对适合担任军官职务的学生,再进行短期集中训练,考核合格的,经军事机关批准,服军官预备役。

第四十四条 高等院校设军事训练机构,配备军事教员,组织实施学生的军事训练。

第四十三条第二款规定的培养预备役军官的短期集中训练,由军事部门派出现役军官与高等院校军事训练机构共同组织实施。

第四十五条 高级中学和相当于高级中学的学校,配备军事教员,对学生实施军事训练。

第四十六条 高等院校和高级中学学生的军事训练,由教育部、国防部负责。教育部门和军事部门设学生军事训练的工作机构或者配备专人,承办学生军事训练工作。

第九章 战时兵员动员

第四十七条 为了对付敌人的突然袭击,抵抗侵略,各级人民政府、各级军事机关,在平时必须做好战时兵员动员的准备工作。

第四十八条 在国家发布动员令以后,各级人民政府、各级军事机关,必须迅速实施动员:

（一）现役军人停止退出现役，休假、探亲的军人必须立即归队；

（二）预备役人员随时准备应召服现役，在接到通知后，必须准时到指定的地点报到；

（三）机关、团体、企业事业单位和乡、民族乡、镇的人民政府负责人，必须组织本单位被征召的预备役人员，按照规定的时间、地点报到；

（四）交通运输部门要优先运送应召的预备役人员和返回部队的现役军人。

第四十九条　战时遇有特殊情况，国务院和中央军事委员会可以决定征召 36 岁至 45 岁的男性公民服现役。

第五十条　战争结束后，需要复员的现役军人，根据国务院和中央军事委员会的复员命令，分期分批地退出现役，由各级人民政府妥善安置。

第十章　现役军人的优待和退出现役的安置

第五十一条　现役军人，革命残废军人，退出现役的军人，革命烈士家属，牺牲、病故军人家属，现役军人家属，应当受到社会的尊重，受到国家和人民群众的优待。

第五十二条　革命残废军人乘坐火车、轮船、飞机、长途汽车，优先购票，并按照规定享受减价优待。

义务兵从部队发出的平信，免费邮递。

第五十三条　现役军人参战或者因公负伤致残的，由部队评定残废等级，发给革命残废军人抚恤证。退出现役的特等、一等革命残废军人，由国家供养终身。二等、三等革命残废军人，家居城镇的，由本人所在地的县、自治县、市、市辖区的人民政府安排力所能及的工作；家居农村的，其所在地区有条件的，可以在企业事业单位安排适当工作，不能安排的，按照规定增发残废抚恤金，保障他们的生活。

第五十四条　义务兵服现役期间，其家属由当地人民政府给予优待，优待的标准不低于当地平均生活水平，具体办法由省、自治区、直辖市规定。

第五十五条　现役军人牺牲、病故，由国家发给其家属一次抚恤金。其家属无劳动能力或者无固定收入不能维持生活的，再由国家定期发给抚恤金。

第五十六条　义务兵退出现役后，按照从哪里来、回哪里去的原则，由原征集的县、自治县、市、市辖区的人民政府接收安置：

（一）家居农村的义务兵退出现役后，由乡、民族乡、镇的人民政府妥善安排他们的生产和生活。机关、团体、企业事业单位在农村招收员工时，在同等条件下，应当优先录用退伍军人。荣获二等功以上奖励的，按照本条第（二）项规定安排工作。

（二）家居城镇的义务兵退出现役后，由县、自治县、市、市辖区的人民政府安排工作，也可以由上一级或者省、自治区、直辖市的人民政府在本地区内统筹安排。机关、团体、企业事业单位，不分所有制性质和组织形式，都有按照国家有关规定安置退伍军人的义务。入伍前是机关、团体、企业事业单位职工的，允许复工、复职。

（三）城镇退伍军人待安置期间，由当地人民政府按照不低于当地最低生活水平的原则发给生活补助费。

（四）城镇退伍军人自谋职业的，由当地人民政府给予一次性经济补助，并给予政策上的优惠。

（五）义务兵退出现役后，报考国家公务员、高等院校和中等专业学校，按照有关规定予以优待。

第五十七条　在服现役期间患精神病的义务兵退出现役后，视病情轻重，送地方医院收容治疗或者回家休养，所需医疗和生活费用，由县、自治县、市、市辖区的人民政府负责。

在服现役期间患过慢性病的义务兵退出现役后，旧病复发需要治疗的，由当地医疗机构负责给予治疗，所需医疗和生活费用，本人经济困难的，由县、自治县、市、市辖区的人民政府给予补助。

第五十八条　志愿兵退出现役后，服现役不满 10 年的，按照本法第五十六条的规定安置；满 10 年的，由原征集的县、自治县、市、市辖区的人民政府安排工作，也可以由上一级或者省、自治区、直辖市的人民政府在本地区内统筹安排；自愿回乡参加农业生产或者自谋职业的，给予鼓励，由当地人民政府增发安家补助费；服现役满 30 年或者年满 55 岁的作退休安置，根据地方需要和本人自愿也可以作转业安置。

志愿兵在服现役期间，参战或者因公致残、积劳成疾基本丧失工作能力的，办理退休手续，由原征集的县、自治县、市、市辖区的人民政府或者其直系亲属所在地的县、自治县、市、市辖区的人民政府接收安置。

第五十九条 军官退出现役后，由国家妥善安置。

第六十条 民兵因参战执勤牺牲、残废的，预备役人员和学生因参加军事训练牺牲、残废的，由当地人民政府按照民兵抚恤优待条例给予抚恤优待。

第十一章 惩 处

第六十一条 有服兵役义务的公民有下列行为之一的，由县级人民政府责令限期改正；逾期不改的，由县级人民政府强制其履行兵役义务，并可以处以罚款：

（一）拒绝、逃避兵役登记和体格检查的；

（二）应征公民拒绝、逃避征集的；

（三）预备役人员拒绝、逃避参加军事训练和执行军事勤务的。

有前款第（二）项行为，拒不改正的，在两年内不得被录取为国家公务员、国有企业职工，不得出国或者升学。

战时有第一款第（二）、（三）项行为，构成犯罪的，依法追究刑事责任。

第六十二条 现役军人以逃避服兵役为目的，拒绝履行职责或者逃离部队的，按照中央军事委员会的规定给予行政处分；战时逃离部队，构成犯罪的，依法追究刑事责任。

明知是逃离部队的军人而雇用的，由县级人民政府责令改正，并处以罚款；构成犯罪的，依法追究刑事责任。

第六十三条 机关、团体、企业事业单位拒绝完成本法规定的兵役工作任务的，阻挠公民履行兵役义务的，拒绝接收、安置退伍军人的，或者有其他妨害兵役工作行为的，由县级人民政府责令改正，并可以处以罚款；对单位直接负责的主管人员和其他直接责任人员，依法予以处罚。

第六十四条 扰乱兵役工作秩序，或者阻碍兵役工作人员依法执行职务的，依照治安管理处罚条例的规定给予处罚；使用暴力、威胁方法，构成犯罪的，依法追究刑事责任。

第六十五条 国家工作人员和军人在兵役工作中，有下列行为之一，构成犯罪的，依法追究刑事责任；尚不构成犯罪的，给予行政处分：

（一）收受贿赂的；

（二）滥用职权或者玩忽职守的；

（三）徇私舞弊，接送不合格兵员的。

第十二章 附 则

第六十六条 本法适用于中国人民武装警察部队。

第六十七条 中国人民解放军根据需要配备文职干部。文职干部条例另定。

第六十八条 本法自 1984 年 10 月 1 日起施行。

三、中华人民共和国国防教育法

（2001 年 4 月 28 日第九届全国人民代表大会常务委员会第二十一次会议通过）

目　录

第一章　总　则

第一条　为了普及和加强国防教育，发扬爱国主义精神，促进国防建设和社会主义精神文明建设，根据国防法和教育法，制定本法。

第二条　国防教育是建设和巩固国防的基础，是增强民族凝聚力、提高全民素质的重要途径。

第三条　国家通过开展国防教育，使公民增强国防观念，掌握基本的国防知识，学习必要的军事技能，激发爱国热情，自觉履行国防义务。

第四条　国防教育贯彻全民参与、长期坚持、讲求实效的方针，实行经常教育与集中教育相结合、普及教育与重点教育相结合、理论教育与行为教育相结合的原则，针对不同对象确定相应的教育内容分类组织实施。

第五条　中华人民共和国公民都有接受国防教育的权利和义务。普及和加强国防教育是全社会的共同责任。

一切国家机关和武装力量、各政党和各社会团体、各企业事业组织以及基层群众性自治组织，都应当根据各自的实际情况组织本地区、本部门、本单位开展国防教育。

第六条　国务院领导全国的国防教育工作。中央军事委员会协同国务院开展全民国防教育。

地方各级人民政府领导本行政区域内的国防教育工作。驻地军事机关协助和支持地方人民政府开展国防教育。

第七条　国家国防教育工作机构规划、组织、指导和协调全国的国防教育工作。

县级以上地方负责国防教育工作的机构组织、指导、协调和检查本行政区域内的国防教育工作。

第八条　教育、民政、文化宣传等部门，在各自职责范围内负责国防教育工作。

征兵、国防科研生产、国民经济动员、人民防空、国防交通、军事设施保护等工作的主管部门，依照本法和有关法律、法规的规定，负责国防教育工作。

工会、共产主义青年团、妇女联合会以及其他有关社会团体，协助人民政府开展国防教育。

第九条　中国人民解放军、中国人民武装警察部队按照中央军事委员会的有关规定开展国防教育。

第十条　国家支持、鼓励社会组织和个人开展有益于国防教育的活动。

第十一条　国家和社会对在国防教育工作中作出突出贡献的组织和个人，采取各种形式给予表彰和奖励。

第十二条　国家设立全民国防教育日。

第二章　学校国防教育

第十三条　学校的国防教育是全民国防教育的基础，是实施素质教育的重要内容。

教育行政部门应当将国防教育列入工作计划，加强对学校国防教育的组织、指导和监督，并对学校国防教育工作定期进行考核。

第十四条　小学和初级中学应当将国防教育的内容纳入有关课程，将课堂教学与课外活动相结合，对学生进行国防教育。

有条件的小学和初级中学可以组织学生开展以国防教育为主题的少年军校活动。教育行政部门、共产主义青年团组织和其他有关部门应当加强对少年军校活动的指导与管理。

小学和初级中学可以根据需要聘请校外辅导员，协助学校开展多种形式的国防教育活动。

第十五条　高等学校、高级中学和相当于高级中学的学校应当将课堂教学与军事训练相结合，对学生进行国防教育。

高等学校应当设置适当的国防教育课程，高级中学和相当于高级中学的学校应当在有关课程中安排专门的国防教育内容，并可以在学生中开展形式多样的国防教育活动。

高等学校、高级中学和相当于高级中学的学校学生的军事训练，由学校负责军事训练的机构或者军事教员按照国家有关规定组织实施。军事机关应当协助学校组织学生的军事训练。

第十六条　学校应当将国防教育列入学校的工作和教学计划，采取有效措施，保证国防教育的质量和效果。

学校组织军事训练活动，应当采取措施，加强安全保障。

第十七条　负责培训国家工作人员的各类教育机构，应当将国防教育纳入培训计划，设置适当的国防教育课程。

国家根据需要选送地方和部门的负责人到有关军事院校接受培训，学习和掌握履行领导职责所必需的国防知识。

第三章 社会国防教育

第十八条 国家机关应当根据各自的工作性质和特点，采取多种形式对工作人员进行国防教育。

国家机关工作人员应当具备基本的国防知识。从事国防建设事业的国家机关工作人员，必须学习和掌握履行职责所必需的国防知识。

各地区、各部门的领导人员应当依法履行组织、领导本地区、本部门开展国防教育的职责。

第十九条 企业事业组织应当将国防教育列入职工教育计划，结合政治教育、业务培训、文化体育等活动，对职工进行国防教育。

承担国防科研生产、国防设施建设、国防交通保障等任务的企业事业组织，应当根据所担负的任务，制定相应的国防教育计划，有针对性地对职工进行国防教育。

社会团体应当根据各自的活动特点开展国防教育。

第二十条 军区、省军区（卫戍区、警备区）、军分区（警备区）和县、自治县、市、市辖区的人民武装部按照国家和军队的有关规定，结合政治教育和组织整顿、军事训练、执行勤务、征兵工作以及重大节日、纪念日活动，对民兵、预备役人员进行国防教育。

民兵、预备役人员的国防教育，应当以基干民兵、第一类预备役人员和担任领导职务的民兵、预备役人员为重点，建立和完善制度，保证受教育的人员、教育时间和教育内容的落实。

第二十一条 城市居民委员会、农村村民委员会应当将国防教育纳入社区、农村社会主义精神文明建设的内容，结合征兵工作、拥军优属以及重大节日、纪念日活动，对居民、村民进行国防教育。

城市居民委员会、农村村民委员会可以聘请退役军人协助开展国防教育。

第二十二条 文化、新闻、出版、广播、电影、电视等部门和单位应当根据形势和任务的要求，采取多种形式开展国防教育。

中央和省、自治区、直辖市以及设区的市的广播电台、电视台、报刊应当开设国防教育节目或者栏目，普及国防知识。

第二十三条 烈士陵园、革命遗址和其他具有国防教育功能的博物馆、纪念馆、科技馆、文化馆、青少年宫等场所，应当为公民接受国防教育提供便利，对有组织的国防教育活动实行优惠或者免费；依照本法第二十八条的规定被命名为国防教育基地的，应当对有组织的中小学生免费开放；在全民国防教育日向社会免费开放。

第四章 国防教育的保障

第二十四条 各级人民政府应当将国防教育纳入国民经济和社会发展计划，并根据开展国防教育的需要，在财政预算中保障国防教育所需的经费。

第二十五条 国家机关、事业单位、社会团体开展国防教育所需的经费，在本单位预算经费内列支；企业开展国防教育所需经费，在本单位职工教育经费中列支。

学校组织学生军事训练所需的经费，按照国家有关规定执行。

第二十六条 国家鼓励社会组织和个人捐赠财产，资助国防教育的开展。

社会组织和个人资助国防教育的财产，由依法成立的国防教育基金组织或者其他公益性社会组织依法管理。

国家鼓励社会组织和个人提供或者捐赠所收藏的具有国防教育意义的实物用于国防教育。使用单位对提供使用的实物应当妥善保管，使用完毕，及时归还。

第二十七条 国防教育经费和社会组织、个人资助国防教育的财产，必须用于国防教育事业，任何单位或者个人不得挪用、克扣。

第二十八条 本法第二十三条规定的场所，具备下列条件的，经省、自治区、直辖市人民政府批准，可以命名为国防教育基地：

（一）有明确的国防教育主题内容；

（二）有健全的管理机构和规章制度；

（三）有相应的国防教育设施；

（四）有必要的经费保障；

（五）有显著的社会教育效果。

国防教育基地应当加强建设，不断完善，充分发挥国防教育的功能。被命名的国防教育基地不再具备前款规定条件的，由原批准机关撤销命名。

第二十九条　各级人民政府应当加强对国防教育基地的规划、建设和管理，并为其发挥作用提供必要的保障。

各级人民政府应当加强对具有国防教育意义的文物的收集、整理、保护工作。

第三十条　全民国防教育使用统一的国防教育大纲。国防教育大纲由国家国防教育工作机构组织制定。

适用于不同地区、不同类别教育对象的国防教育教材，由有关部门或者地方依据国防教育大纲并结合本地区、本部门的特点组织编写。

第三十一条　各级国防教育工作机构应当组织、协调有关部门做好国防教育教员的选拔、培训和管理工作，加强国防教育师资队伍建设。

国防教育教员应当从热爱国防教育事业、具有基本的国防知识和必要的军事技能的人员中选拔。

第三十二条　中国人民解放军和中国人民武装警察部队应当根据需要和可能，为驻地有组织的国防教育活动选派军事教员，提供必要的军事训练场地、设施以及其他便利条件。

在国庆节、中国人民解放军建军节和全民国防教育日，经批准的军营可以向社会开放。军营开放的办法由中央军事委员会规定。

第五章　法律责任

第三十三条　国家机关、社会团体、企业事业组织以及其他社会组织违反本法规定，拒不开展国防教育活动的，由人民政府有关部门或者上级机关给予批评教育，并责令限期改正；拒不改正，造成恶劣影响的，对负有直接责任的主管人员依法给予行政处分。

第三十四条 违反本法规定，挪用、克扣国防教育经费的，由有关主管部门责令限期归还；对负有直接责任的主管人员和其他直接责任人员依法给予行政处分；构成犯罪的，依法追究刑事责任。

第三十五条 侵占、破坏国防教育基地设施、损毁展品的，由有关主管部门给予批评教育，并责令限期改正；有关责任人应当依法承担相应的民事责任。

有前款所列行为，违反治安管理规定的，由公安机关依法给予治安管理处罚；构成犯罪的，依法追究刑事责任。

第三十六条 寻衅滋事，扰乱国防教育工作和活动秩序的，或者盗用国防教育名义骗取钱财的，由有关主管部门给予批评教育，并予以制止；违反治安管理规定的，由公安机关依法给予治安管理处罚；构成犯罪的，依法追究刑事责任。

第三十七条 负责国防教育的国家工作人员玩忽职守、滥用职权、徇私舞弊的，依法给予行政处分；构成犯罪的，依法追究刑事责任。

第六章 附 则

第三十八条 本法自公布之日起施行。

四、中华人民共和国人民防空法

《中华人民共和国人民防空法》已由中华人民共和国第八届全国人民代表大会常务委员会第二十二次会议于 1996 年 10 月 29 日通过，现予公布，自 1997 年 1 月 1 日起施行。

目 录

第一章 总 则

第一条 为了有效地组织人民防空，保护人民的生命和财产安全，保障社会主义现代化建设的顺利进行，制定本法。

第二条 人民防空是国防的组成部分。国家根据国防需要，动员和组织群众采取防护措施，防范和减轻空袭危害。

人民防空实行长期准备、重点建设、平战结合的方针，贯彻与经济建设协调发展、与城市建设相结合的原则。

第三条 县级以上人民政府应当将人民防空建设纳入国民经济和社会发展计划。

第四条 人民防空经费由国家和社会共同负担。

中央负担的人民防空经费，列入中央预算；县级以上地方各级人民政府负担的人民防空经费，列入地方各级预算。

有关单位应当按照国家规定负担人民防空费用。

第五条 国家对人民防空设施建设按照有关规定给予优惠。

国家鼓励、支持企业事业组织、社会团体和个人，通过多种途径，投资进行人民防空工程建设；人民防空工程平时由投资者使用管理，收益归投资者所有。

第六条 国务院、中央军事委员会领导全国的人民防空工作。

大军区根据国务院、中央军事委员会的授权领导本区域的人民防空工作。

县级以上地方各级人民政府和同级军事机关领导本行政区域的人民防空工作。

第七条 国家人民防空主管部门管理全国的人民防空工作。

大军区人民防空主管部门管理本区域的人民防空工作。

县级以上地方各级人民政府人民防空主管部门管理本行政区域的人民防空工作。

中央国家机关人民防空主管部门管理中央国家机关的人民防空工作。

人民防空主管部门的设置、职责和任务，由国务院、中央军事委员会规定。

县级以上人民政府的计划、规划、建设等有关部门在各自的职责范围内负责有关的人民防空工作。

第八条 一切组织和个人都有得到人民防空保护的权利，都必须依法履行人民防空的义务。

第九条 国家保护人民防空设施不受侵害。禁止任何组织或者个人破坏、侵占人民防空设施。

第十条　县级以上人民政府和军事机关对在人民防空工作中做出显著成绩的组织或者个人，给予奖励。

第二章　防护重点

第十一条　城市是人民防空的重点。国家对城市实行分类防护。

城市的防护类别、防护标准，由国务院、中央军事委员会规定。

第十二条　城市人民政府应当制定防空袭方案及实施计划，必要时可以组织演习。

第十三条　城市人民政府应当制定人民防空工程建设规划，并纳入城市总体规划。

第十四条　城市的地下交通干线以及其他地下工程的建设，应当兼顾人民防空需要。

第十五条　为战时储备粮食、医药、油料和其他必需物资的工程，应当建在地下或者其他隐蔽地点。

第十六条　对重要的经济目标，有关部门必须采取有效防护措施，并制定应急抢险抢修方案。

前款所称重要的经济目标，包括重要的工矿企业、科研基地、交通枢纽、通信枢纽、桥梁、水库、仓库、电站等。

第十七条　人民防空主管部门应当依照规定对城市和经济目标的人民防空建设进行监督检查。被检查单位应当如实提供情况和必要的资料。

第三章　人民防空工程

第十八条　人民防空工程包括为保障战时人员与物资掩蔽、人民防空指挥、医疗救护等而单独修建的地下防护建筑，以及结合地面建筑修建的战时可用于防空的地下室。

第十九条　国家对人民防空工程建设，按照不同的防护要求，实行分类指导。

国家根据国防建设的需要，结合城市建设和经济发展水平，制定人民防空工程建设规划。

第二十条　建设人民防空工程，应当在保证战时使用效能的前提下，有利于平时的经济建设、群众的生产生活和工程的开发利用。

第二十一条　人民防空指挥工程、公用的人员掩蔽工程和疏散干道工程由人民防空主管部门负责组织修建；医疗救护、物资储备等专用工程由其他有关部门负责组织修建。

有关单位负责修建本单位的人员与物资掩蔽工程。

第二十二条　城市新建民用建筑，按照国家有关规定修建战时可用于防空的地下室。

第二十三条　人民防空工程建设的设计、施工、质量必须符合国家规定的防护标准和质量标准。

人民防空工程专用设备的定型、生产必须符合国家规定的标准。

第二十四条　县级以上人民政府有关部门对人民防空工程所需的建设用地应当依法予以保障；对人民防空工程连接城市的道路、供电、供热、供水、排水、通信等系统的设施建设，应当提供必要的条件。

第二十五条　人民防空主管部门对人民防空工程的维护管理进行监督检查。

公用的人民防空工程的维护管理由人民防空主管部门负责。

有关单位应当按照国家规定对已经修建或者使用的人民防空工程进行维护管理，使其保持良好使用状态。

第二十六条　国家鼓励平时利用人民防空工程为经济建设和人民生活服务。平时利用人民防空工程，不得影响其防空效能。

第二十七条　任何组织或者个人不得进行影响人民防空工程使用或者降低人民防空工程防护能力的作业，不得向人民防空工程内排入废水、废气和倾倒废弃物，不得在人民防空工程内生产、储存爆炸、剧毒、易燃、放射性和腐蚀性物品。

第二十八条　任何组织或者个人不得擅自拆除本法第二十一条规定的人民防空工程；确需拆除的，必须报经人民防空主管部门批准，并由拆除单位负责补建或者补偿。

第四章　通信和警报

第二十九条　国家保障人民防空通信、警报的畅通，以迅速准确地传递、发放防空警报信号，有效地组织、指挥人民防空。

第三十条　国家人民防空主管部门负责制定全国的人民防空通信、警报建设规划，组织全国的人民防空通信、警报网的建设和管理。

县级以上地方各级人民政府人民防空主管部门负责制定本行政区域的人民防空通信、警报建设规划，组织本行政区域人民防空通信、警报网的建设和管理。

第三十一条　邮电部门、军队通信部门和人民防空主管部门应当按照国家规定的任务和人民防空通信、警报建设规划，对人民防空通信实施保障。

第三十二条　人民防空主管部门建设通信、警报网所需的电路、频率，邮电部门、军队通信部门、无线电管理机构应当予以保障；安装人民防空通信、警报设施，有关单位或者个人应当提供方便条件，不得阻挠。

国家用于人民防空通信的专用频率和防空警报音响信号，任何组织或者个人不得占用、混同。

第三十三条　通信、广播、电视系统，战时必须优先传递、发放防空警报信号。

第三十四条　军队有关部门应当向人民防空主管部门通报空中情报，协助训练有关专业人员。

第三十五条　人民防空通信、警报设施必须保持良好使用状态。

设置在有关单位的人民防空警报设施，由其所在单位维护管理，不得擅自拆除。

县级以上地方各级人民政府根据需要可以组织试鸣防空警报；并在试鸣的五日以前发布公告。

第三十六条 人民防空通信、警报设施平时应当为抢险救灾服务。

第五章 疏 散

第三十七条 人民防空疏散由县级以上人民政府统一组织。

人民防空疏散必须根据国家发布的命令实施，任何组织不得擅自行动。

第三十八条 城市人民防空疏散计划，由县级以上人民政府根据需要组织有关部门制定。

预定的疏散地区，在本行政区域内的，由本级人民政府确定；跨越本行政区域的，由上一级人民政府确定。

第三十九条 县级以上人民政府应当组织有关部门和单位，做好城市疏散人口安置和物资储运、供应的准备工作。

第四十条 农村人口在有必要疏散时，由当地人民政府按照就近的原则组织实施。

第六章 群众防空组织

第四十一条 县级以上地方各级人民政府应当根据人民防空的需要，组织有关部门建立群众防空组织。

群众防空组织战时担负抢险抢修、医疗救护、防火灭火、防疫灭菌、消毒和消除沾染、保障通信联络、抢救人员和抢运物资、维护社会治安等任务，平时应当协助防汛、防震等部门担负抢险救灾任务。

第四十二条 群众防空组织由下列部门负责组建：

（一）城建、公用、电力等部门组建抢险抢修队；

（二）卫生、医药部门组建医疗救护队；

（三）公安部门组建消防队、治安队；

（四）卫生、化工、环保等部门组建防化防疫队；

（五）邮电部门组建通信队；

（六）交通运输部门组建运输队。

红十字会组织依法进行救护工作。

第四十三条 群众防空组织所需装备、器材和经费由人民防空主管部门和组建单位提供。

第四十四条 群众防空组织应当根据人民防空主管部门制定的训练大纲和训练计划进行专业训练。

第七章 人民防空教育

第四十五条 国家开展人民防空教育，使公民增强国防观念，掌握人民防空的基本知识和技能。

第四十六条 国家人民防空主管部门负责组织制定人民防空教育计划，规定教育内容。

在校学生的人民防空教育，由各级教育主管部门和人民防空主管部门组织实施。

国家机关、社会团体、企业事业组织人员的人民防空教育，由所在单位组织实施；其他人员的人民防空教育，由城乡基层人民政府组织实施。

第四十七条 新闻、出版、广播、电影、电视、文化等有关部门应当协助开展人民防空教育。

第八章 法律责任

第四十八条 城市新建民用建筑，违反国家有关规定不修建战时可用于防空的地下室的，由县级以上人民政府人民防空主管部门对当事人给予警告，并责令限期修建，可以并处十万元以下的罚款。

第四十九条 有下列行为之一的，由县级以上人民政府人民防空主管部门对当事人给予警告，并责令限期改正违法行为，可以对个人并处五千元以下的罚款、对单位并处一万元至五万元的罚款；造成损失的，应当依法赔偿损失：

（一）侵占人民防空工程的；

（二）不按照国家规定的防护标准和质量标准修建人民防空工程的；

（三）违反国家有关规定，改变人民防空工程主体结构、拆除人民防空工程设备设施或者采用其他方法危害人民防空工程的安全和使用效能的；

（四）拆除人民防空工程后拒不补建的；

（五）占用人民防空通信专用频率、使用与防空警报相同的音响信号或者擅自拆除人民防空通信、警报设备设施的；

（六）阻挠安装人民防空通信、警报设施，拒不改正的；

（七）向人民防空工程内排入废水、废气或者倾倒废弃物的。

第五十条 违反本法规定，故意损坏人民防空设施或者在人民防空工程内生产、储存爆炸、剧毒、易燃、放射性等危险品，尚不构成犯罪的，依照治安管理处罚条例的有关规定处罚；构成犯罪的，依法追究刑事责任。

第五十一条 人民防空主管部门的工作人员玩忽职守、滥用职权、徇私舞弊或者有其他违法、失职行为构成犯罪的，依法追究刑事责任；尚不构成犯罪的，依法给予行政处分。

第九章 附 则

第五十二条 省、自治区、直辖市人民代表大会常务委员会可以根据本法制定实施办法。

第五十三条 本法自 1997 年 1 月 1 日起施行。

五、歌曲选登

中华人民共和国国歌

田 汉 词
聂 耳 曲

1=G $\frac{2}{4}$

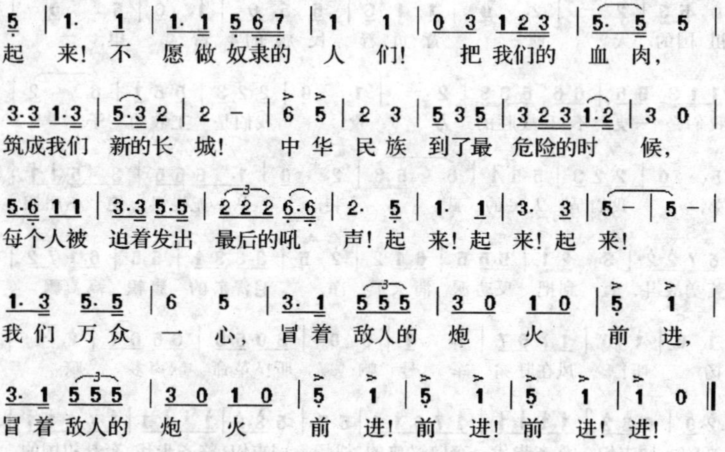

5 | 1· 1 | 1·1 567 | 1 1 | 0 3 123 | 5· 5 5 |
起 来！不 愿 做奴隶的 人 们！ 把 我们的 血 肉，

3·3 1·3 | 5·3 2 | 2 – | 6 5 | 2 3 | 5 3 5 | 3 2 3 1·2 | 3 0 |
筑成我们 新的长 城！ 中 华 民族 到了最 危险的时 候，

5·6 1 1 | 3·3 5·5 | 2 2 2 6·6 | 2· 5 | 1· 1 | 3· 3 | 5 – | 5 – |
每个人被 迫着发出 最后的吼 声！起 来！起 来！起 来！

1· 3 5· 5 | 6 5 | 3· 1 5 5 5 | 3 0 1 0 | 5 1 |
我 们 万 众 一 心，冒 着 敌人的 炮 火 前 进，

3· 1 5 5 5 | 3 0 1 0 | 5 1 | 5 1 | 5 1 | 1 0 ‖
冒 着 敌人的 炮 火 前 进！前 进！前 进！进！

中国人民解放军军歌

公 木 词

郑律成 曲

1=C $\frac{2}{4}$

进行速度 勇往直前

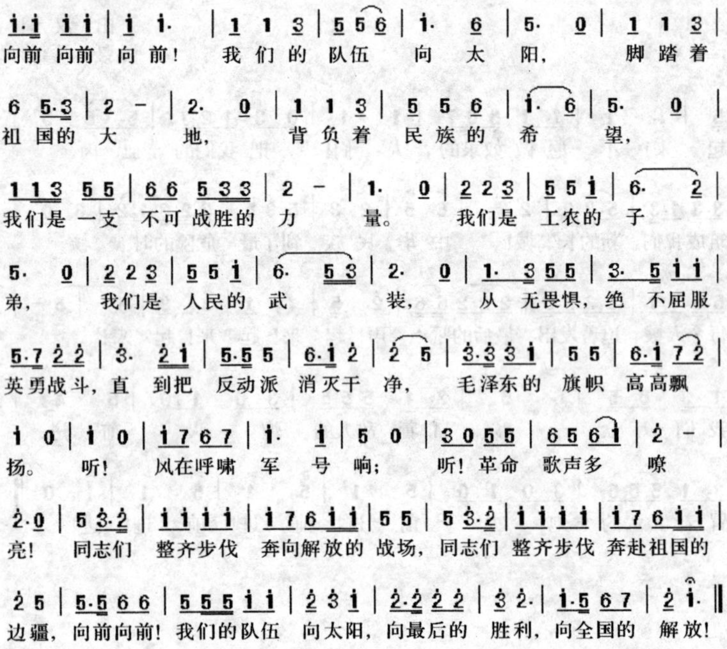

向前 向前 向 前！ 我 们 的 队伍 向 太 阳， 脚 踏 着

祖 国的 大 地， 背 负 着 民 族的 希 望，

我们是 一支 不可 战胜的 力 量。 我们是 工农的 子

弟， 我们是 人民的 武 装， 从 无畏惧，绝 不屈服

英勇战斗，直 到把 反动派 消灭干 净， 毛泽东的 旗帜 高高飘

扬。 听！ 风在呼啸 军 号 响； 听！革命 歌声多 嘹

亮！ 同志们 整齐步伐 奔向解放的 战场，同志们 整齐步伐 奔赴祖国的

边疆，向前向前！我们的队伍 向太阳，向最后的 胜利，向全国的 解放！

大学生军训之歌

1=D 4/4

郑 强词
莫若铭 曲

起床 集合 出发
行军 操练 打靶

迎着晨曦，军号吹响，我们戎装列队军训场。
风雨无阻，头顶骄阳，我们举枪比武射击场。

步伐整齐，歌声嘹亮，谁说我们不像当兵的模样。
喊声震天，斗志昂扬，谁说我们没有当兵的形象。

啊 我们大学生，磨练意志，铸就坚强，
啊 我们大学生，献身科学，共建国防，

啊 我们大学生，为青春的绚丽为人生的辉煌。
啊 我们大学生，为民族的复兴为中华的安邦。

我们 就像 当 兵的模样，我们 就有 当 兵的形象

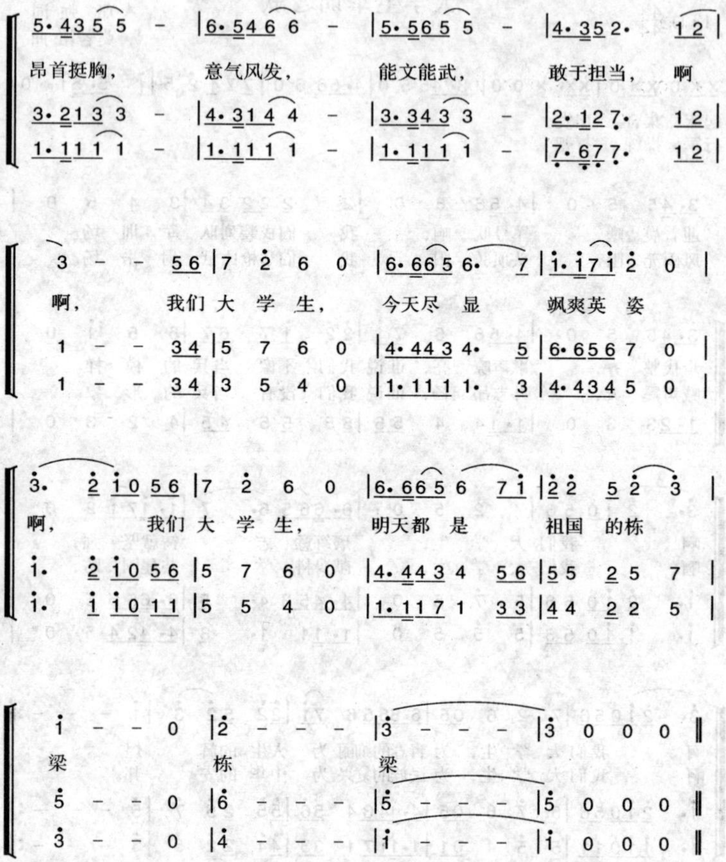

5·4 3 5 5 – | 6·5 4 6 6 – | 5·5 6 5 5 – | 4·3 5 2· 1 2 |
昂首挺胸， 意气风发， 能文能武， 敢于担当， 啊
3·2 1 3 3 – | 4·3 1 4 4 – | 3·3 4 3 3 – | 2·1 2 7· 1 2 |
1·1 1 1 1 – | 1·1 1 1 1 – | 1·1 1 1 1 – | 7·6 7 7· 1 2 |

3 – – 5 6 | 7 2 6 0 | 6·6 6 5 6· 7 | 1·1 7 1 2 0 |
啊， 我们大学生， 今天尽显 飒爽英姿
1 – – 3 4 | 5 7 6 0 | 4·4 4 3 4· 5 | 6·6 5 6 7 0 |
1 – – 3 4 | 3 5 4 0 | 1·1 1 1 1· 3 | 4·4 3 4 5 0 |

3· 2 1 0 5 6 | 7 2 6 0 | 6·6 6 5 6 7 1 | 2 2 5 2 3 |
啊， 我们大学生， 明天都是 祖国的栋
1· 2 1 0 5 6 | 5 7 6 0 | 4·4 4 3 4 5 6 | 5 5 2 5 7 |
1· 1 1 0 1 1 | 5 5 4 0 | 1·1 1 7 1 3 3 | 4 4 2 2 5 |

1 – – 0 | 2 – – – | 3 – – – | 3 0 0 0 ‖
梁 栋 梁
5 – – 0 | 6 – – – | 5 – – – | 5 0 0 0 ‖
3 – – 0 | 4 – – – | 1 – – – | 1 0 0 0 ‖

我和我的祖国

张 黎词
秦咏城曲

1＝降E 6/8 9/8

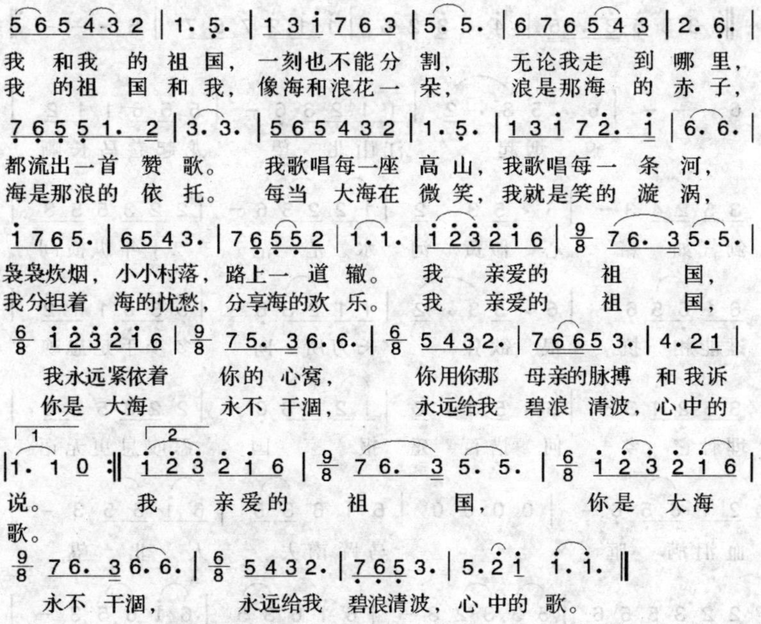

565 432 | 1. 5. | 13 i 763 | 5. 5. | 676 543 | 2. 6. |

我 和我 的 祖 国，一刻也不能分 割， 无论我走 到 哪 里，
我 的祖 国 和 我，像海和浪花一 朵， 浪是那海 的 赤 子，

7655 1. 2 | 3. 3. | 565 432 | 1. 5. | 13 i 72. i | 6. 6. |

都流出一首 赞 歌。 我歌唱每一座 高 山，我歌唱每一 条 河，
海是那浪的 依 托。 每当 大海在 微 笑，我就是笑的 漩 涡，

i 76 5. | 654 3. | 76 552 | 1. 1. | i 23 2 i 6 | 9/8 76. 3 5. 5. |

袅袅炊烟，小小村落，路上一 道 辙。 我 亲爱的 祖 国，
我分担着 海的忧愁，分享海的欢 乐。 我 亲爱的 祖 国，

6/8 i 23 2 i 6 | 9/8 75. 3 6. 6. | 6/8 5432. | 7665 3. | 4. 21 |

我永远紧依着 你的 心窝， 你用你那 母亲的脉搏 和 我诉
你是 大海 永不 干涸， 永远给我 碧浪 清波，心中的

[1. 1. 1 0 :‖ [2. i 23 2 i 6 | 9/8 76. 3 5. 5. | 6/8 i 23 2 i 6 |

说。 我 亲爱的 祖 国， 你是 大海
歌。

9/8 76. 3 6. 6. | 6/8 5432. | 765 3. | 5. 2 i i. i. ‖

永不 干涸， 永远给我 碧浪清波，心 中的 歌。

精忠报国

陈 涛 词
张宏光 曲

1 = A 4/4

（屠洪纲 演唱）

‖: 3 3 5 3 . 5 | #4 . 3 2 6 | 1 1 2 7 5 7 | 6 - - - :‖

6 - - - | 6 . 5 3 . 2 | 1 1 2 3 6 - | 5 5 6 1 1 2 |
狼 烟起 江山北 望 龙起卷马长嘶

3 5 2 4 3 - | 6 . 5 3 . 2 | 1 2 2 3 6 - | 2 2 3 5 5 3 |
剑气如 霜 心 似黄 河 水 茫 茫 二十年纵横间

6 1 6 5 6 - | 6 . 5 3 . 2 | 1 1 2 3 6 - | 5 5 6 1 1 2 |
谁能相 抗 恨 欲狂 长刀所 向 多少手足忠魂

3 5 2 4 3 - | 6 . 5 3 . 2 | 1 2 2 3 6 - | 2 2 3 5 5 3 |
埋骨它 乡 何 惜百 死 报 家 国 忍叹息更无语

2 1 6 5 6 - | 0 0 0 0 | 6 1 6 3 5 | 6 1 6 5 3 - |
血泪满 眶 马蹄南去 人 北 望

2 2 3 5 5 6 | 5 3 3 2 3 - | 6 1 6 3 5 | 6 1 6 5 3 - |
人北望草青黄 尘 飞 扬 我愿守土 复 开 疆

2 2 2 3 5 5 5 6 | 7 - - - | 7 0 5 - | 6 - - - | 6 - - - ‖
堂堂中国要让四 方 来 贺 Fine

我是一个兵

1＝bB 2/4

陆原、岳仑 词
岳　仑 曲

5. i i 6 | 5 0 | 5. 3 3 i | 2 0 | 5 5 5 5 3 | 3 2 i 6 | 5 5 5 6 3 |
我　是一个 兵，来　自老百 姓，打 败了日本 狗强盗，消 灭了蒋匪

5 0 | 5. i i 6 | 5 0 | 5. 3 3 i | 2 0 | 5 5 i i | 3 3 3 5 3 |
军。我　是一个 兵，爱　国爱人 民，革命战争 考 验了我，

2 2 3 2 | i 0 5 | 3 0 3 0 | 2 3 | 3 2 i | 6 i | i 6 5 | 5 5 i i | 3 3 0 |
立场更坚 定。嘿 嘿 嘿 枪杆 握得紧，眼睛 看得清，谁敢发动 战争，

5. 2 2 2 | 3 0 2 0 | i 0 ‖
坚　决打它 不 留 情。

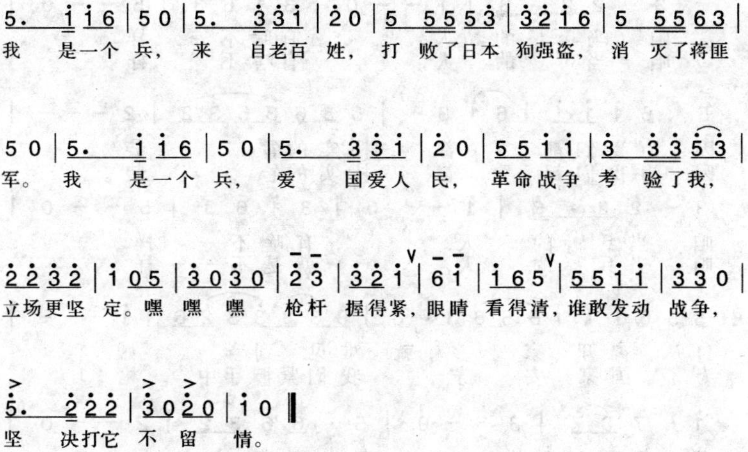

打靶归来

1＝G 4/4　（范琳琳、刘小娜、范春梅演唱）

牛宝源、王永泉 词
王　永　泉 曲

行进速度　轻松、愉快

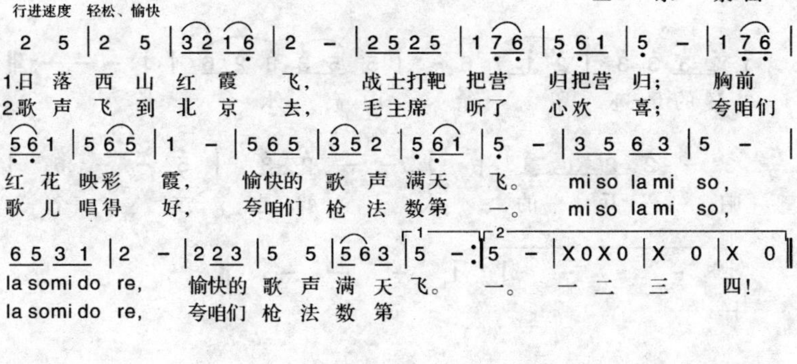

2 5 | 2 5 | 3 2 1 6 | 2 － | 2 5 2 5 | 1 7 6 | 5 6 1 | 5 － | 1 7 6 |
1.日 落 西 山 红 霞 飞， 战士打靶 把营 归把营 归； 胸前
2.歌 声 飞 到 北 京 去， 毛主席 听了 心欢 喜； 夸咱们

5 6 1 | 5 6 5 | 1 － | 5 6 5 | 3 5 2 | 5 6 1 | 5 － | 3 5 6 3 | 5 － |
红 花 映彩 霞， 愉快的 歌 声 满天 飞。 mi so la mi so，
歌 儿 唱得 好， 夸咱们 枪 法 数第 一。 mi so la mi so，

6 5 3 1 | 2 － | 2 2 3 | 5 5 | 5 6 3 |[1. 5 － :|[2. 5 － | X 0 X 0 | X 0 | X 0 ‖
la so mi do re， 愉快的 歌 声 满 天 飞。 一。 一 二 三 四！
la so mi do re， 夸咱们 枪 法 数 第

当兵的人

1 =^{b}B $\frac{4}{4}$

王　晓　岭词
臧云飞、刘斌曲

进行曲速度豪迈，有力地

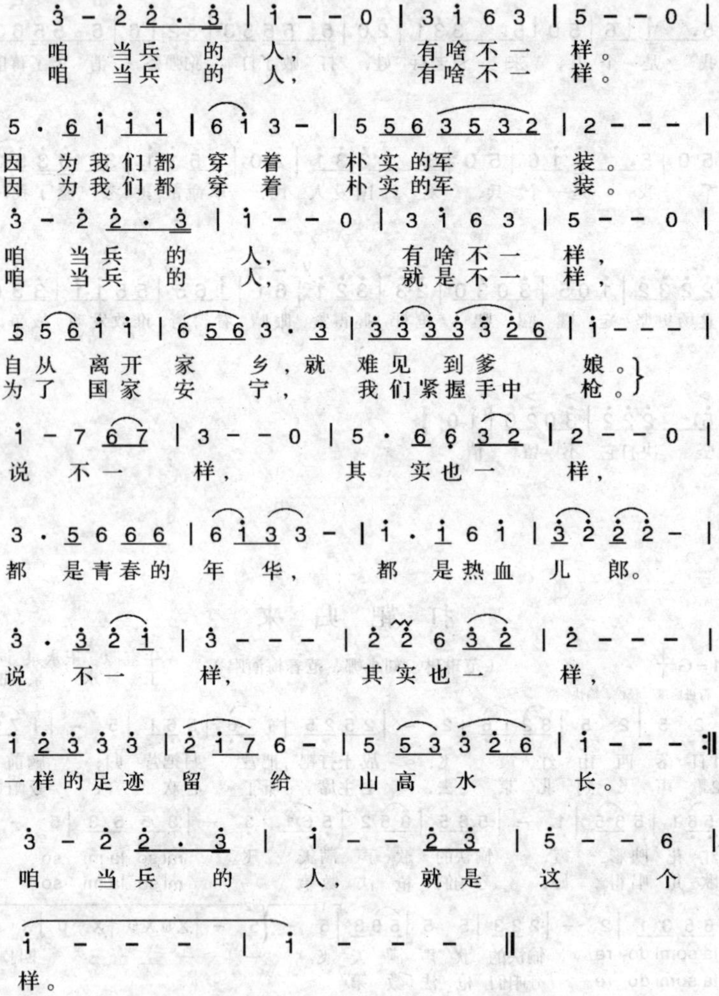

3 - 2 2 · 3 | 1 - - 0 | 3 1 6 3 | 5 - - 0 |
咱　当兵　的　人，　　有啥不一　样。
咱　当兵　的　人，　　有啥不一　样。

5 · 6 1 1 1 | 6 1 3 - | 5 5 6 3 5 3 2 | 2 - - - |
因　为我们都　穿　着　朴实的军　　装。
因　为我们都　穿　着　朴实的军　　装。

3 - 2 2 · 3 | 1 - - 0 | 3 1 6 3 | 5 - - 0 |
咱　当兵　的　人，　　有啥不一　样，
咱　当兵　的　人，　　就是不一　样，

5 5 6 1 1 | 6 5 6 3 · 3 | 3 3 3 3 3 2 6 | 1 - - - |
自从　离开　家　乡，就　难见　到爹　　娘。
为了　国家　安　宁，　　我们紧握手中　　枪。

1 - 7 6 7 | 3 - - 0 | 5 · 6 6 3 2 | 2 - - 0 |
说　不一　样，　　其　实也一　样，

3 · 5 6 6 6 | 6 1 3 3 - | 1 · 1 6 1 | 3 2 2 2 - |
都　是青春的　年　华，　都　是热血　儿　郎。

3 · 3 2 1 | 3 - - - | 2 2 6 3 2 | 2 - - - |
说　不一　样，　其实也一　　样，

1 2 3 3 3 | 2 1 7 6 - | 5 5 3 3 2 6 | 1 - - - :‖
一样的足迹　留　给　山高　水　长。

3 - 2 2 · 3 | 1 - - 2 3 | 5 - - 6 |
咱　当兵　的　人，　就是　这　个

1 - - - | 1 - - - ‖
样。

一二三四歌

$1= C\ \frac{4}{4}$　　（阎维文 演唱）

石顺义 词
臧云飞 曲

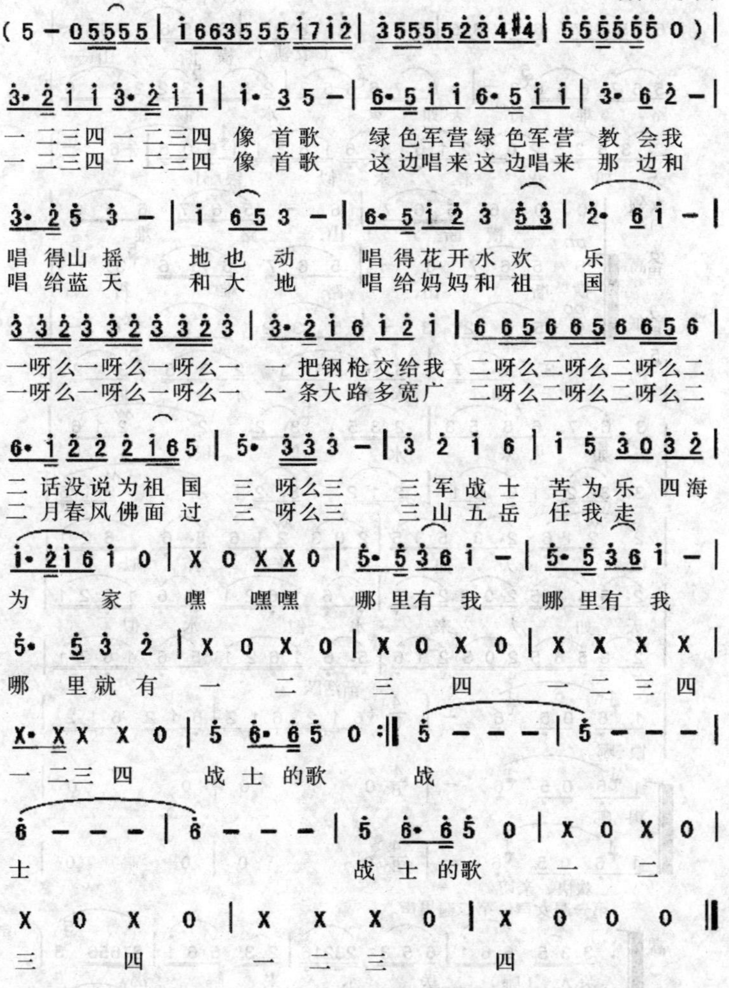

一二三四一二三四 像 首歌　绿色军营绿色军营 教 会我
一二三四一二三四 像 首歌　这边唱来这边唱来 那 边和

唱 得山摇　地也动　唱得花开水欢　乐
唱 给蓝天　和大地　唱给妈妈和祖　国

一呀么一呀么一呀么一 一把钢枪交给我 二呀么二呀么二呀么二
一呀么一呀么一呀么一 一条大路多宽广 二呀么二呀么二呀么二

二话没说为祖国 三呀么三 三军战士 苦为乐 四海
二月春风佛面过 三呀么三 三山五岳 任我走

为 家 嘿 嘿嘿 哪里有 我 哪里有 我

哪 里就有 一 二 三 四 一 二 三 四

一 二三 四 战士的歌 战

士 战士的歌 一 二

三 四 一 二 三 四

四渡赤水出奇兵

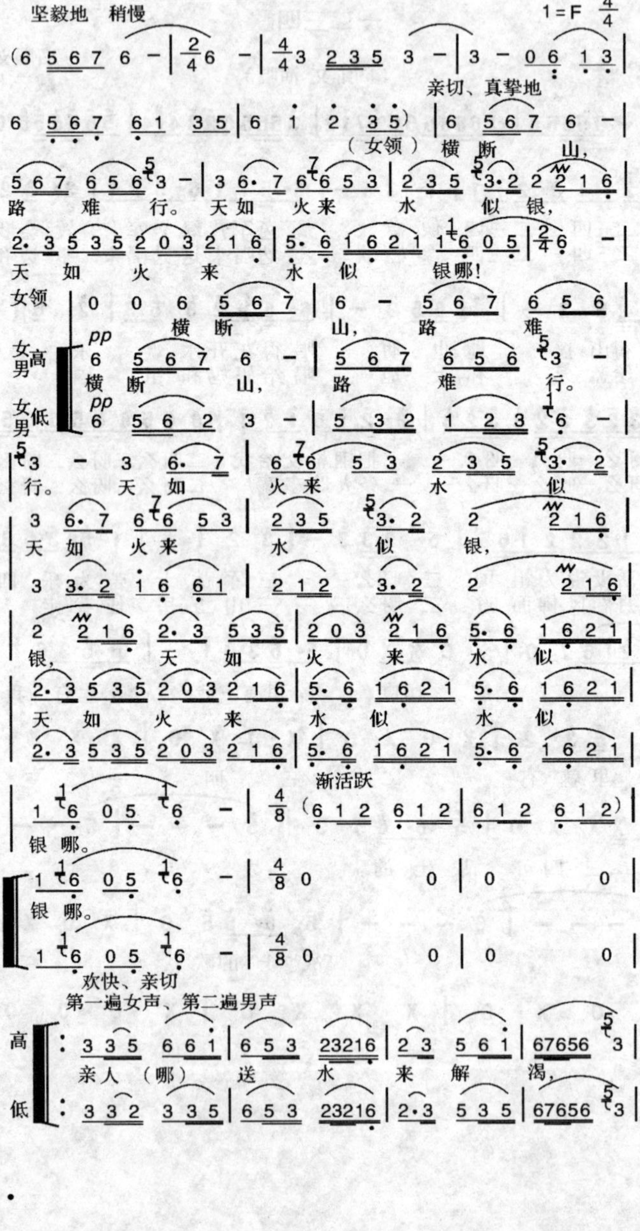

坚毅地　稍慢　　1＝F 4/4

(6 567 6 － | 2/4 6 － | 4/4 3 235 3 － | 3 － 06 13 |

亲切、真挚地

6 567 61 35 | 6 1 2 35) | 6 567 6 － |

（女领）横　断　山，

567 656 3 － | 3 6· 7 66 53 | 235 3·2 2 216 |

路　难　行。天如　火来　水　似　银，

2·3 535 203 216 | 5·6 1621 16 05 | 2/4 6 － |

天　如　火　来　水　似　银哪！

女领 | 0 0 6 567 | 6 － 567 656 |

横　断　山，路　难

女男高 pp | 6 567 6 － | 567 656 3 － |

横　断　山，路　难　行。

女男低 pp | 6 562 3 － | 532 123 6 － |

3 － 3 6· 7 | 66 53 235 3· 2 |

行。天　如　火来　水　似

3 6· 7 66 53 | 235 3· 2 2 216 |

天　如　火来　水　似　银，

3 3· 2 16 61 | 212 3· 2 2 216 |

2 216 2· 3 535 | 203 216 5· 6 1621 |

银，天　如　火　来　水　似

2·3 535 203 216 | 5·6 1621 5·6 1621 |

天　如　火　来　水　似　水　似

2·3 535 203 216 | 5·6 1621 5·6 1621 |

渐活跃

16 05 6 － | 4/8 (612 612 | 612 612) |

银哪。

16 05 6 － | 4/8 0 0 | 0 0 |

银哪。

16 05 6 － | 4/8 0 0 | 0 0 |

欢快、亲切

第一遍女声、第二遍男声

高 |: 335 661 | 653 23216 | 23 561 | 67656 3 |

亲人（哪）送　水　来　解　渴，

低 |: 332 335 | 653 23216 | 2·3 535 | 67656 3 |

军中绿花

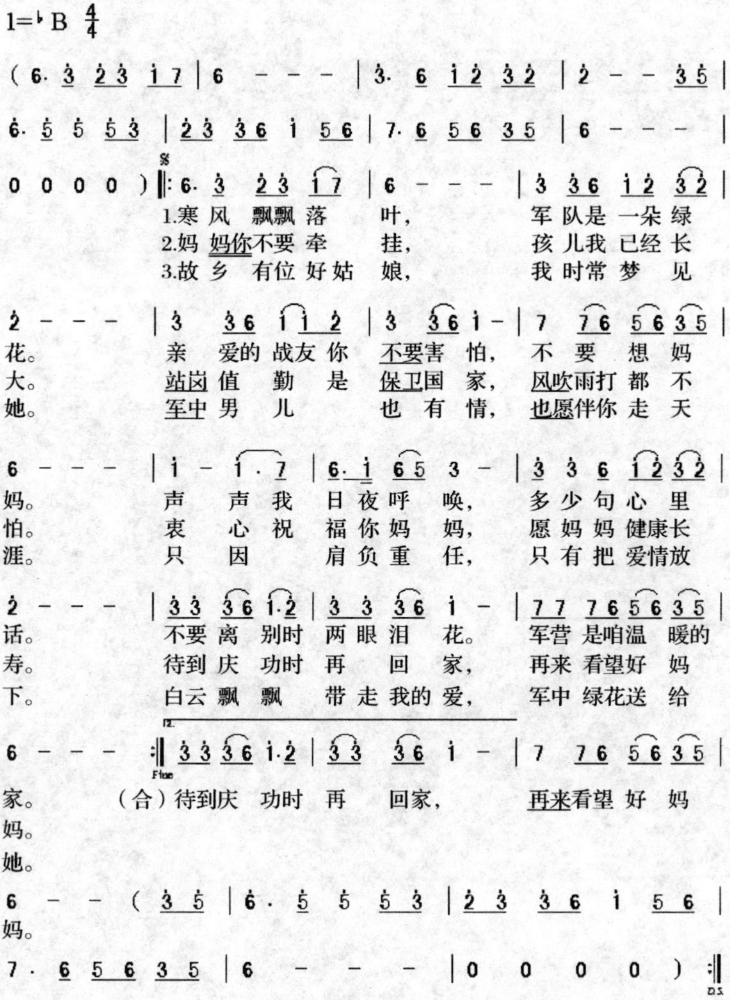

1=♭B 4/4

(6· 3 2 3 1 7 | 6 - - - | 3· 6 1 2 3 2 | 2 - - 3 5 |

6· 5 5 5 3 | 2 3 3 6 1 5 6 | 7· 6 5 6 3 5 | 6 - - - |

0 0 0 0) ‖: 6· 3 2 3 1 7 | 6 - - - | 3 3 6 1 2 3 2 |
1.寒风飘飘落叶，军队是一朵绿
2.妈妈你不要牵挂，孩儿我已经长
3.故乡有位好姑娘，我时常梦见

2 - - - | 3 3 6 1 1 2 | 3 3 6 1 - | 7 7 6 5 6 3 5 |
花。亲爱的战友你不要害怕，不要想妈
大。站岗值勤是保卫国家，风吹雨打都不
她。军中男儿也有情，也愿伴你走天

6 - - - | 1 - 1 · 7 | 6· 1 6 5 3 - | 3 3 6 1 2 3 2 |
妈。声声我日夜呼唤，多少句心里
怕。衷心祝福你妈妈，愿妈妈健康长
涯。只因肩负重任，只有把爱情放

2 - - - | 3 3 3 6 1·2 | 3 3 3 6 1 - | 7 7 7 6 5 6 3 5 |
话。不要离别时两眼泪花。军营是咱温暖的
寿。待到庆功时再回家，再来看望好妈
下。白云飘飘带走我的爱，军中绿花送给

6 - - - :‖ [2. 3 3 3 6 1·2 | 3 3 3 6 1 - | 7 7 6 5 6 3 5 |
Fine
家。（合）待到庆功时再回家，再来看望好妈
妈。
她。

6 - - (3 5 | 6 · 5 5 5 3 | 2 3 3 6 1 5 6 |
妈。

7 · 6 5 6 3 5 | 6 - - - | 0 0 0 0) :‖
D.S.